KB089704

읽고 나면 **입**이
근질근질해지는
한국사

읽고 나면 입이 근질근질해지는 한국사

초판 1쇄 발행 2020년 4월 29일
초판 2쇄 발행 2020년 5월 27일

지은이 정훈이

펴낸이 이상순 **주간** 서인찬 **편집장** 박윤주 **제작이사** 이상광
기획편집 이세원, 박월, 김한솔, 최은정, 이주미 **디자인** 유영준, 이민정
마케팅홍보 신희용, 김경민, 유희열 **경영지원** 고은정

펴낸곳 (주)도서출판 아름다운사람들
주소 (10881) 경기도 파주시 회동길 103
대표전화 (031) 8074-0082 **팩스** (031) 955-1083
이메일 books777@naver.com
홈페이지 www.books114.net

생각의길은 (주)도서출판 아름다운사람들의 교양 브랜드입니다.

ISBN 978-89-6513-595-1 03910

ⓒ 정훈이, 2020

이 도서의 국립중앙도서관 출판예정도서목록(CIP)은 서지정보유통지원시스템 홈페이지(http://seoji.nl.go.kr)와
국가자료종합목록구축시스템(http://kolis-net.nl.go.kr)에서 이용하실 수 있습니다. (CIP제어번호 : CIP2020013666)

도파민과 아드레날린이 분출하는 카툰역사책!

읽고 나면 입이 근질근질해지는 한국사

정훈이 지음

작가의 말

역사를 어떻게 기술할 것인지는 많은 저술가들이 아주 오래전부터 해온 고민입니다. 시간순으로 단순하게 사건을 나열하기만 하면 사건의 맥락을 파악하기 어렵습니다. 반면, 사건이나 인물 중심으로 기술하다 보면 시간의 흐름이 꼬이게 됩니다. 또한 사건과 인물 외에 통치제도, 경제, 문물, 지리 등 당시의 제도와 문물도 기술해야 하지요.

이러한 문제를 해결하기 위해 동양의 주요 역사책들은 대부분 기전체(紀傳體)로 썼습니다. 역사를 연대순으로 기록하는 편년체(編年體) 역사서와 함께 인물의 일대기인 열전, 연표, 제도와 문물을 다루는 책을 마치 종합선물세트처럼 묶어 독자들이 다양한 시각에서 역사를 볼 수 있게 한 것이지요. 요즘으로 치면 단어를 클릭하면 관련 사이트로 넘어가는 하이퍼

링크(hyperlink)를 만든 것입니다.

하지만 사람들은 보통 편년체의 역사서와 인물의 일대기를 다룬 흥미로운 열전만을 읽고 책을 덮습니다. 시간도 없는데 문물과 제도를 다룬 재미없고 딱딱한 사전식 참고서를 다 읽을 필요는 없죠. 역사를 다루는 현대의 많은 교양서도 마찬가지입니다. 사실 그게 뭐 그리 중요한가요. 우리는 필요하면 가끔 검색하고 참고만 하면 되고, 관련 분야의 연구자들이나 꼼꼼하게 읽으면 그만인 거죠.

이 책에 그려진 역사는 대부분 한국사의 큰 줄기에서 비껴나갔거나 거대한 역사적 사건에 감춰진 뒷이야기입니다. 굳이 외우려 애쓰지 않고 재미 삼아 읽으면 되는 것들이지요. 하지만 모든 역사는 연결되어 있습니다. 언 뜻 사소해 보이지만 사람 사는 이야기들을 따라가다 보면 교과서에 나올 법한 중요한 역사적 사건이 왜, 어떤 배경에서 일어났는지도 이해하기 쉬 워집니다.

저는 전생에 연구원이었는지 남들은 별로 중요하게 생각하지 않는 것에 아주 깊이 파고들어서 혼자서 디테일을 추구하며 스스로 만족하는 성향 이 있습니다.
취미로 역사를 연구하면서 사람들이 잘 모르는 뜻밖의 사실을 알게 되면

뇌에서 도파민과 아드레날린이 분출하면서 격하게 흥분합니다. 몇날 며칠 그것에 파고들어서 자료를 수집하죠. 그리고 이 이야기를 남들에게 들려주고 싶어서 입이 아주 근질근질해집니다.

이 책은 제가 공부하면서 발견한 조선 역사의 비하인드와, 잘 알려지지 않은 흥미로운 이야기들을 모아서 꾸린 것입니다.
책을 읽다 보면 TV 사극에서 보여주는 정형화된 조선 시대와는 다른, 뜻밖의 조선을 만날 수 있습니다. 또한 우리 선조들의 삶을 이해하기 위한 색다른 시선을 제공할 것입니다.

2020년 4월 봄, 정훈이 드림

차례

**조선
전기**

임금에서 노비까지,
조선의 이모저모

조선
오프 더 레코드

中

조선
후기

이 각박한
조선 생존기

後

임금에서 노비까지, 조선의 이모저모

코끼리가 귀양 간 까닭은?

조선 사람들은 코끼리를 직접 본 적은 없어도 그 존재는 알고 있었다.

중국 역사책 읽기가 취미인 양반들은 고서에 등장하는 코끼리의 활약상을 글로 접했고, 나라에서 종묘에 *천신(薦神)할 때면 '상준(象尊)'이라는 정교한 코끼리 모양의 술 항아리를 사용했다.
*새로 난 작물 등을 신위에 올리는 일

평민들도 코끼리를 모르지 않았는데 전국에 널린 사찰 벽에 그려진 부처님의 일대기를 담은 불화에 하얀 코끼리가 그려져 있다.
무엇보다 옹기종기 모여서 훈수질하는 장기판에 코끼리가 뛰어논다.

그런데 코끼리가 조선에 나타났다.
글과 그림으로만 접했던 바로 그 코끼리가…….

1411년(태종 11) 음력 2월 22일,
경복궁에 아주 특별한 손님이 찾아왔다.

손님은 한반도에 최초로 방문한 코끼리로, 일본 무로마치 막부의
제4대 쇼군인 아시카가 요시모치(足利義持)가 보낸 선물이었다.

"일본국왕(日本國王) 원의지(源義持)가
사자(使者)를 보내어 코끼리를 바치니,
코끼리는 우리나라에 일찍이 없는 것이다.
명하여 사복시(司僕寺)에서 기르게 하니,
날마다 콩 4·5두(斗)씩을 소비하였다."
_《태종실록》 1411년(태종 11) 음력 2월 22일 자 기사

코끼리는 삼군부(三軍府)의 관리 아래
마구와 목축을 관장하는
사복시(司僕寺)에서 길러졌는데

이듬해, *공조전서를 지낸 이우가
코끼리에게 침을 뱉고 놀리다가 화난
코끼리에게 밟혀 죽는 사건이 발생했다.

*공조판서의 옛 명칭

코끼리가 정3품 대감을 죽인 대형 사건이
벌어졌지만, 당시에는 크게 문제 삼지
못한 것으로 보인다.

열 달 후, 피해자가 한 명 더 생기면서
코끼리는 결국 전남 순천 앞바다의
장도(獐島)에 유배됐다.

섬으로 유배 간 코끼리가 밥도 안 먹고
매일 울어댄다는 소식에

이를 불쌍히 여긴 태종은 뭍으로 나오게
해서 전라도 관찰사에게 관리를 맡겼다.

하지만 하루에 쌀 2말과 콩 1말을 먹는
코끼리 사육에 부담을 느낀 전라도
관찰사의 아이디어로

충청·전라·경상도가 번갈아 기르는
'삼도 순번 사육'을 하게 되었다.

공주에서 코끼리를 기르던 종이 채여
죽는 사건이 또 발생하면서 말 목장이
있는 섬으로 다시 유배를 가게 되었는데

1421년(세종 3), 음력 3월, 《세종실록》
기록을 끝으로 최초로 한반도에 온
코끼리의 행방을 더는 알 수 없다.

일본은 왜 코끼리를 보냈을까?

14세기 일본은 한 나라에 왕조가 둘인 '남북조 시대'를 겪었는데,

〈일본 남북조 시대의 수도〉

고려 말 왜구가 극성을 부린 것이 바로 이 무렵이다.

한반도에서 가까운 규슈 지역은 남조와 북조가 번갈아 지배하고, 남북조 시대 최대의 *전투가 벌어진 격전장이었다.

*지쿠고 강 전투(1359)

영주의 통제력이 약해지고 내전으로 식량 수급이 어렵게 되자 규슈의 북서부 해안과 섬은 해적 소굴이 되었다.

고려 말 왜구의 근거지, '섬도왜구'라고 불렀습니다.

왜구는 한반도와 중국 해안을 노략질하며 극성을 부렸는데, 전비 마련을 위해 남조의 영주들까지 해적질에 가담했다.

조선이 건국된 1392년, 일본도 56년간의 오랜 내전을
끝내고 남북조가 화합했다.

조선 건국 초, 일본은 막부·영주·사원
세력까지 사신과 승려를 보내 조선과의
교역 주도권을 놓고 치열하게 경쟁했는데

실록에는 일본 사절들의 방문 기사가
도배되다시피 적혀 있다.

일본 사신의 숙소인 동평관·서평관은
연일 일본 사절단으로 북적거렸고

'묵사(墨寺)'라는 절에는 일본에서 온
승려로 북적거렸다.

조선에서 가장 반긴 일본 사절의 선물은
왜구에게 끌려간 백성들이었고

규슈 단다이
규슈 지역을 통치하던
막부의 군사 기구

규슈 단다이의 사신이
조선인 659명을 데리고
왔답니다!

원숭이 선물
가지고는
명함도
못 내밀겠다.

...

일본 사절들이 조선 국왕의 하사품으로
가장 선호한 것은 '고려대장경'이었다.

팔만대장경의 인쇄본

태조는 사재까지 털어서 해인사에 공양
하며 대장경 인쇄를 독려했고

왜구 토벌에 공을 세운 영주에겐 목판인
대장경판까지 하사할 정도로 조선 조정도
영주 관리에 공을 들였다.

참 잘했어요~

스고이…

오우치 요시히로
(오우치 가문은 백제 왕의
후손을 자처하는 가문임.)

코끼리는 불교에서 신성시하는 동물로
당시 일본은 불교의 황금기를 맞이하고
있었다.

마야 부인이
하얀 코끼리
태몽을 꾸고

석가모니를 잉태했기
때문에 불가에서
코끼리를 신성시
하는 겁니다.

고려를
이은
조선도
불교
왕국
이죠?

조선을 불교의 선진국으로 여긴 쇼군으로
서는 코끼리가 조선과 일본의 관계 개선을
위해서 꽤 좋은 선물이라고 생각한 것이다.

신도시 한양의 굴욕

흥선대원군의 아버지 남연군의 묘 도굴범인 오페르트가 조선에 왔을 때, 행인들에게 한양 가는 길을 물었는데 다들 '한양이 어딘지 모른다'고 했다. 오페르트가 겨우 '서울'이라고 발음하자 길을 가르쳐 주었다고 한다.

당시 조선 사람의 십중팔구는 한양이라는 지명을 몰랐다.

한양은 조선이 건국되기 이전의 지명으로, 조선이 건국되어 수도가 된 이후, 백제의 시조 온조왕 때 지어진 유서 깊은 지명인 '한성(漢城)'으로 바뀌었다.

일상적으로는 다들 보통 명사인 '서울'이라고 불렀다.

《조선왕조실록》에 '漢城(한성)'으로 검색한 기사는 3,000여 건에 이르지만, '漢陽(한양)'은 100여 건에 불과한데 '한양에 도읍했다' 식의 기록을 빼고 당대에 지명으로 사용하며 한양을 언급한 것은 매우 적으며 그마저도 조선 초에 몰려 있다.

오페르트가 방문한 조선 말, '한양'은 일상에서 통용되는 지명은 아니었고 '태조께서 한양에 도읍을 정하고' 따위의 상투적인 문장을 외우는 양반이나 본관이 한양인 사람들이나 아는 지명이었다.

해방 이후, 조선의 수도를 한성이 아닌 한양으로 통칭하게 된 이유는 잘 모른다. 그래도 언어는 사회적 약속이니까 우리는 조선의 수도를 '한양'이라고 하는 수밖에.

신도시는 입주 초기에 교통이나 편의 시설이 미흡해서 생활하기 불편하다.

문 여는 편의점까지

차 타고 간다.

거리는 인적이 드물고, 상가는 비어 있고, 심지어 밤에는 불 꺼진 유령도시 취급을 당하기도 하는데

밤이 되면 유령도시로 변합니다.

몇 년 지나면 차 막힌다고 뉴스 나올걸?

천만 인구의 서울도 한때 황량한 유령도시
취급을 받던 신도시 시절이 있었다.

한양은 고려 말과 조선 초에 두 번이나
천도했다가 개성으로 돌아가는
'환도'라는 굴욕을 겪고

우여곡절 끝에 세 번째 시도 만에 조선의
수도로 자리 잡았다.

고려의 마지막 임금 공양왕은 신라 말
풍수지리설의 대가인 도선이 지은
《도선비기》의 '지리쇠왕설'에 따라

신하들의 반대에도 불구하고
1390년(공양왕 2) 음력 9월,
한양으로 천도를 단행했다.

그러나 천도 후 불길한 일이 잦자,
이듬해 2월 개성으로 환도했다.

조선 건국 후, 태조 이성계와 개국 공신들은 야심 차게 한양 천도를 추진했다.

하지만 많은 관료가 한양과 개성 두 집 살림을 했고, 수도 이전이 못마땅한 개성 기득권층의 불만도 컸는데

개성의 큰 상단들은 아예 한양에 점포를 내지 않을 정도였다.

1398년(태조 7) '제1차 왕자의 난'을 겪으면서 태조는 두 아들과 총애하던 신하, 그리고 권력과 민심마저 잃게 되었다.

이듬해 즉위한 2대 정종은 결국 민심 수습을 위한 특단의 카드를 꺼냈는데 그것은 '개성 환도'였다.

환도한다는 소식을 듣고 도성 백성들이 짐을 바리바리 싸서 개성으로 가기 위해 거리로 쏟아져 나오자

성문을 걸어 잠그고, 백성을 타일러서
집으로 돌려보냈다고 실록에 전하니,
한양의 초라한 위상을 짐작할 수 있다.

오늘은 일단 돌아들 가시오!

성문
닫혔음

한양 천도까지 물거품이 된 태조는
환도하는 길에 *신덕왕후 강씨의 묘인
정릉에 멈춰서서 눈물을 흘렸는데

*태조의 두 번째 부인, 죽은 세자 방석의 어머니

부인~

면목이 없구려

남부끄러워서 개성 백성의 눈을 피해
새벽에 숙소로 들어갔다고 한다.

개경 백성들과
마주칠까 두렵도다.
새벽닭이 울기전에
들어가자.

네,
태상왕
전하~

1404년(태종 4) 다시 천도 논의가
불거졌고 신하들의 의견은 분분했는데

깔끔하게
동전 던지기
합시다!

대신, 결과엔
닥치고 승복하기~

종묘에서 동전 던지기로 길흉을 점치는 '척전(擲錢)'의 결과에 따라
한양이 도읍으로 최종 결정됐다.

신도 2길 1흉!
한양 낙점!!

아… 아… 와아!!

	길	흉
송경 (개성)	1	2
무악 (서대문)		2
신도 (한양)	2	1

정초십이지일

《숙휘신한첩淑徽宸翰帖》이라는 책이 있다.
효종의 넷째 딸인 숙휘공주가 아버지 효종, 어머니 인선왕후, 오빠 현종, 올케 명성왕후, 조카 숙종, 질부 인현왕후 등에게 받은 편지를 모은 책이다.

"오래 묵은 병이 다 나으셨다니 기쁩니다."

숙종이 고모 숙휘공주에게 보낸 새해 문안 편지 내용이다.
하지만 숙휘공주는 여전히 병을 앓고 있었다. 숙종이 고모의 병세를 잘못 전해 들은 것일까?
아니다. 숙종은 고모가 쾌차하기를 기원하며 마치 병이 다 나은 것처럼 덕담을 했을 뿐이다.
조선 시대에는 새해 덕담으로 바라는 바를 마치 '확정된 사실인 양' 표현하는 풍속이 있었다.

농경사회인 조선 시대 설 명절 기간은 정월 초하루부터 대보름까지다.

많이 알려진 것은 생략하고 보름 동안의 세시풍속을 살펴보자.

설달 그믐날 밤에는 잠을 자지 않았다.

밤을 새우고 설날 아침 나이를 한 살 먹기 위해 떡국을 먹었다.

설날 밤에는 '야광귀'가 와서 신발을 신어보고 맞으면 신고 가기 때문에

신발을 숨기거나 뒤집어 놓고 잔다. 지붕에 채나 키도 매달아 둔다.

'정초십이지일'이라 하여 열두 동물에 해당하는 날마다 풍속이 있었다.

첫 쥐날(상자일)에 일을 하면 쥐가 곡식을 축낸다 하여 임금부터 노비까지 모두가 논다. 아낙네들은 길쌈도 바느질도 하지 않는다.

첫 소날(상축일)은 소에게 일을 시키면
안 되는 날이다. 연장도 만지면 안 되고
도마질도 하지 않는다. 그래서 논다.

첫 호랑이날(상인일)에 일하면 호랑이가
잡아간다 하여

그날은 온 가족이 외출도 삼가는
날이다. 집 안에서 논다.

첫 토끼날(상묘일) 대문은 남자가 열어야
한다. 토끼는 방정맞고 경망한 짐승이라
이날은 자중하고 언행을 삼간다.

첫 용날(상진일) 새벽에 용이 우물에 알을
낳고 가기 때문에

새벽에 우물을 길어와서 밥을 지으면
풍년이 든단다. '용알뜨기'라고 한다.

첫 뱀날(상사일)은 머리를 빗거나 깎지 않는 날이다.

머리를 빗거나 깎으면 뱀이 집안에 들어와 화를 입게 된다고 한다.

첫 말날(상오일)은 말에게 제사를 지내고 위로하는 날이다. 경상도와 제주도에선 좋은 날이라고 장을 담근다.

첫 양날(상미일)에 전라도에서는 배를 띄우지 않는다. 제주도에선 이날 약을 먹어도 약효가 없다 하여 약을 먹지 않는다.

첫 원숭이날(상신일)에는 귀신을 쫓기 위해 남자가 일찍 일어나서 부엌과 마당의 네 귀퉁이를 쓴다.

첫 닭날(상유일)에 바느질이나 길쌈을 하면 손이 닭발처럼 흉해진다 하여 여자들이 일하지 않는 날이다.

첫 개날(상술일)에 일하면 개가 텃밭을
망친다 하여 일을 안 한다. 그래서 논다.

첫 돼지날(상해일)은 왕겨·콩깍지·팥으로
문지르면 피부가 좋아지는 날이다.
바느질도 하면 안 된다.

정월 열나흗날은 부잣집 부엌의 흙을
훔쳐다가 부뚜막에 바르는 날이다.

정월 대보름을 하이라이트로 보름간의
설 명절은 모두 끝이 난다.

대보름날 저녁, 긴 연휴가 끝나고
우울한 사람이 많았을 것 같다.

국민투표를 실시한 세종

지금은 논밭의 단위가 제곱미터나 평 같은 절대 면적이지만, 옛날에는 생산량에 따른 상대 면적이었다. 민간에서는 '마지기'를 썼는데 한자어로는 '두락(斗落)'이라고 한다. 마지기는 종자 한 말을 뿌릴 만한 면적을 말한다.

나라에서는 토지 면적을 재는 방법으로 '결부제(結負制)'를 사용했다. 벼와 같은 곡식을 한 줌 움켜 쥔 양을 '쥐다'라는 뜻의 한자를 써서 '파(把)'라고 하며 순우리말로는 '줌'이다. 열 줌을 묶어서 한 단을 만드는데, 이를 '묶는다'라는 뜻의 한자를 써서 '속(束, 10파)'이라고 한다. 순우리말로는 '뭇'이다. 열 뭇을 한 짐으로 지어 나르는데, 이를 '짐을 지다'는 뜻의 한자를 써서 '부(負, 10속)'라고 한다.

순우리말로는 '짐'이다. 그 100부가 '결(結, 100부)'이다.

이 공식으로 추산하면 모심기 간격(한 뼘 20cm)으로 겨우 120평(400m²) 정도 나오지만, 실제로 1결은 꽤 넓은데, 관용적 표현을 빌리면 '한 마리의 소가 나흘 동안 부지런히 밭갈이를 하는 면적'이다.

공법(貢法)을 시행한 세종 때의 1등전은 약 3,000평, 6등전은 약 12,000평 정도로 보고 있다.

농경국가 조선의 가장 큰 재원은 토지에서 거둬들이는 세금이었다.

건국 초에는 고려 말인 1391년(공양왕 3) 전제개혁으로 마련된 '답험손실법(踏驗損實法)'을 시행하고 있었다.

오늘은 아랫담을 조사하자.

조사원

한 해의 작황을 현지 조사해서 등급을 정하는 '답험법'과

작황 등급에 따라 일정 비율로 조세를 감면해 주는 '손실법'을 적용한 제도였다.

얼핏 실지 조사를 통한 합리적인 세법처럼 보이지만, 중간에 사람이 개입하다 보니 문제가 많았다.

직접 조사하는 과정에서 발생하는 비용을 수령이 농민에게 전가하기도 했고

조사원의 주관이 개입되다 보니 힘깨나 쓰는 지주의 땅은 수확량을 적게 측정하거나 세금을 많이 깎아주고

힘 없고 가난한 농민에게는 얄짤없이 받아내는 등의 폐단이 있었다.

세종은 새로운 조세제도 마련을 위해 일단 여론 조성부터 시작했다.

1427년(세종 9) 세종은 창덕궁 인정전에 나아가서 문과(文科) 책문(策問)의 시제로 '공법(貢法)'을 제시했다,

공법은 수년간의 수확량을 통산해서 평균을 정하고, 풍흉에 따라 일정 비율로 세금을 매기는 방법이다.

책문은 국가 현안에 관한 계책을 묻고 답을 적어내는 시험으로 문과 과거의 마지막 등위 결정 시험과목이다.

임금이 중요하게 생각하는 현안이니, 만인지상 영의정부터 말단 관원까지 관료사회는 물론이고

과거 기출문제 확보에 목을 매는 산골짜기 유생까지 관심을 가지는 건 당연했고

주요 납세자인 양반 지주들도 관심을 갖고 공법에 관한 열띤 토론을 시작했다.

논의는 활발했지만, 합의를 도출하지 못할 정도로 의견은 팽팽하게 나뉘었다.

그러자 세종은 공법 도입 여부를 백성에게 직접 묻기로 했다.

또한 백성이 원하지 않는다면 시행하지 않겠다는 확고한 의지까지 천명했다.

전국의 백성을 대상으로 공법안의 찬·반을 묻는 대규모 설문조사가 시작됐다.

관원과 양반에게는 세법이나 세율에 관한 다양한 의견도 접수했다.

300여 명의 경차관이 파견되어 무려 5개월간 진행했는데

촌장이나 관원이 가가호호 찾아다니며 설명하고 찬·반을 물은 것으로 보인다.

172,806명이 참여한 사실상 국민투표였는데 결과는 찬성 98,657명, 반대 74,149명이었다.

비록 찬성이 많았지만, 세종은 바로 공법을 시행하지 않고 보완하기로 했다.

일부 지역에서 시범실시를 하면서 10년을 더 연구한 끝에 마침내 새로운 공법을 공표하였다.

비옥도에 따라 토지의 등급을 6등급으로 나누고, 매년 풍흉의 정도를 9등급으로 정하되

땅의 등급(전분)에 따라 조세율을 다르게 하는 것이 아닌 1결의 면적을 측정하는 양척의 길이를 다르게 했다.

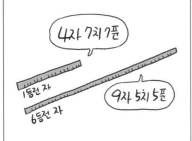

따라서 전분마다 1결의 면적은 달라도 1결에서 생산하는 수확량과 조세율은 동일하게 했고

GDP처럼 생산 규모를 파악하기 좋은 장점이 있음.

풍흉에 따라 거두는 세액만 달리하는 과학적이고 체계적인 산정법이었다.

부정의 요소를 원천봉쇄하고 그 세원을 흡수하여 세수가 증가하면서도 백성의 부담은 오히려 줄어드는 장점이 있었다.

특히, 고위 관료들부터 농사 짓는 백성들에 이르기까지 함께 현안을 논의하고 합의를 도출해가는 과정은 21세기 선진국 못지않은 매우 혁신적인 시도였다.

저 별은 조선의 별

옛날 사람들은 우주의 섭리가 인간 세상에도 그대로 적용된다고 믿었다.
하늘에 떠 있는 해와 달, 그리고 오행성을 비롯해 작은 별 하나하나까지 어떠한 질서에 따라 조화를 이루고 있고, 그 움직임을 파악하면 시간과 계절을 파악할 수 있듯 인간 세상의 미래도 예측이 가능하다고 생각했다.
별의 자전과 공전으로 만들어진 질서일 뿐이지만 워낙 규칙적이다 보니 인간 세상을 파악하는 데 참조해야 할 우주의 섭리가 된 것이다.

우주에 질서가 있듯이 인간 세상에도 질서가 있는 게 당연하다고 믿었다.
그래서 큰 나라와 작은 나라를 구별하고,
나이에 따라 대접을 달리하고,
남자와 여자도 구별하고,
사람의 신분에도 차별을 두었다.

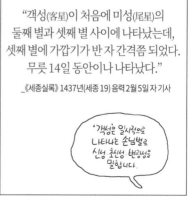

"객성(客星)이 처음에 미성(尾星)의 둘째 별과 셋째 별 사이에 나타났는데, 셋째 별에 가깝기가 반 자 간격쯤 되었다. 무릇 14일 동안이나 나타났다."
_《세종실록》 1437년(세종 19) 음력 2월 5일 자 기사

이 기록은 미국 자연사박물관, 영국 리버풀존무어대, 폴란드과학아카데미 등이 참여한 국제 연구진이

2017년 8월, 국제학술지 〈네이처(Nature)〉에 발표한 신성과 왜소신성 현상 연구의 중요한 단서가 된다.

우리 연구에

〈조선왕조실록〉이 결정적인 단서를 제공했죠.

《선조실록》에는 1604~1605년 7개월간 약 130회에 걸쳐 한 객성의 관측기록이 있는데

그 별이 일곱달이나 나타났다가 사라졌는데

내가 몹시 당황했어.

또다시 변란의 조짐인가 해서…

바로 '우리은하'에서 가장 최근에 폭발한 초신성인 케플러 초신성의 기록이다.

조선이 나보다 4일 먼저 발견했대. 기록도 정밀하고

요하네스 케플러
르네상스 시대 독일의 천문학자 겸 점성학자

세계 천문학자들은 《조선왕조실록》을 별을 관측하고 기록한 데이터베이스로 중요하게 활용하고 있다.

저 별의 관측기록을 실록에서 찾아보자.

《성변등록》이라는 책이 있다. 1759년 (영조 35)에 출현한 한 살별(혜성)을

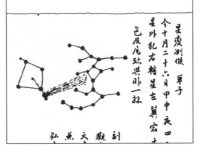

25일간 추적 관찰하며 날짜별로 그 모습을 상세히 기록한 책이다. 그 살별은 바로 '핼리혜성'이다.

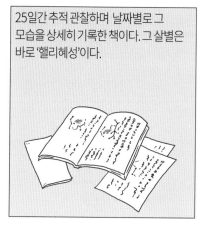

조선은 건국 이래 76년을 주기로 찾아오는 핼리혜성을 한 번도 빠지지 않고 관측해서 기록으로 남긴 나라로

당대 세계 최고 수준으로 천문학이 발달한 나라이기도 했다.

별의 변화를 관찰하고 기록하는 게 천문학의 기본이자 핵심인데

졸지마!

'기록 대마왕'인 우리 선조들은 하늘에서 일어나는 현상이라면 빠짐없이 꼼꼼하게 기록했다.

꼼꼼한 놈들일세…

앗!!
미확인비행물체…

실록에는 UFO에 관한 기록도 있어요.

조선 초, 돌에 새긴 '천상열차분야지도'라는 매우 정밀한 국보급 천문도를 만들어서 남기기도 했다.

天象列次分野之圖

아주 오래전부터 지구는 둥글다고
생각한 사람들이 있었다.

BC 5~6세기 그리스의 철학자 탈레스가
땅의 모양이 가운데가 부풀어 오른 원반형
방패처럼 생겼다고 주장했고

이를 근거로 피타고라스가 지구를 완전한
동그라미라고 했으며, 아리스토텔레스는
몇 가지 가설의 증거를 제시했다.

에라토스테네스는 BC 240년에
지구의 둘레를 계산하기도 했다.

BC 4~5세기 전국시대 사상가 묵자(墨子)가
'땅은 둥글고 움직인다'고 한 것이
동양에서 가장 오래된 지구론이다.

한자 문화권에서 이해한 우주의 모양은
크게 '개천설(蓋天說)'과 '혼천설(渾天說)'로
나뉜다.

한(漢)대 이후, 대체로 혼천설이 많은 지지를 받았는데 우주가 달걀처럼 생겼다는 주장이다.

조선에서 '땅은 둥글고, 해를 중심으로 돈다' 라는 '지구론'과 '지동설'을 주장한 사람이 있었다.

외교 문서를 관장하는 승문원(承文院)의 젊은 관원 이순지였다.

수학도 잘해서 다음 월식이 일어날 시간을 계산해서 예보하기도 했다.

1422년(세종 4) 음력 1월 1일, 세종과 백관들은 소복을 입고 해가 달에 완전히 가려지는 개기일식을 기다렸다.

임금을 상징하는 해가 가려지는 것은 불길한 징조이기 때문에 다시 해가 나오길 기원하는 '구식례(救蝕禮)'를 치르는데

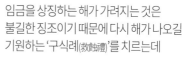

기상을 관측하는 서운관(옛 관상감)에서
3개월 전부터 예보했지만 1각(刻), 요즘
시간으로 14.4분 늦게 일식이 시작되었다.

오늘날 국가 주요 행사에서 애국가 반주가
안 나온 것과 같은 사건으로, 시간을 계산한
천문·역산 전문가 이천봉이 곤장을 맞았다.

*달력의 기초가 되는 책

이순지가 일식 예보가 틀린 원인이
관측 위치 때문이라는 것을 밝혀냈다.

'역법'은 해와 달, 별 등 천체의 주기적
운행을 관측하고 계산해서 절기와
월·일·시를 정하는 방법인데

조선은 해마다 중국에서 책력을 받아와서
우리 식으로 보정하여 사용하고 있었다.

세종은 서울을 중심으로 한 조선의 역법을
만들기로 하고 사업을 총괄하는 실무
책임자로 이순지를 발탁했다.

천재 천문학자 이순지와 서운관 학자들은 연구 끝에
조선의 독자적인 역법인 《칠정산(七政算)》을 완성했다.

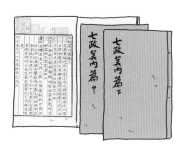

1년을 365.2425일,
한 달을 29.530593일로 정했는데,
이 수치는 오늘날과 거의 같다.

실제 1년은
365.2422일

365.2425일은
이슬람 역법을
수용하여 만든
원나라 수시역을
채용했습니다.

조선에서 천문학을 담당한 관청은
'관상감'으로 최고 책임자는 영의정이었다.
관상감의 위상이나 중요성을 알 수 있다.

현대로 치면
국무총리실
직속 기관~

조선에서 천문학은 '제왕의 학문'으로
하늘의 뜻을 살피는 것은 하늘의 선택을
받은 임금의 책무였다.

전하~ 지난 밤에
재앙의 별인
형혹성(화성)이

태미원 우측
집법을
범했사옵니다.

우주의 섭리와 질서가 인간 세상에 그대로
투영된다고 믿었기 때문에 천문학을
매우 중요하게 여긴 것이다.

내 깊이 반성하고
근신하겠노라.

후궁도
들이지 않겠다.~

수라의 반찬을
줄이거라.

조선조 최대의 권력형 비리 사건
서달게이트

고위층 자제의 살인사건을 은폐·조작한 조선조 최대의 권력형 비리 사건으로 관련자 전원이 처벌받았다. 몸통이나 다름없는 좌의정 황희와 우의정 맹사성은 파면됐는데 죄의 경중에 비교해서 가벼운 처벌이었다. 명재상으로 추앙받는 황희와 맹사성의 흑역사다.

세종의 좌우 날개가 동시에 날아갔다. 하지만 부끄러움을 무릅쓰고 세종은 파면 12일 만에 그들을 다시 복직시켰다. 성군 세종의 흑역사다.

찬찬 겸 대사헌 이맹균은 두 사람의 복직과 독자라는 이유로 살인자를 귀양조차 보내지 않은 것을 강하게 비판하는 상소를 올렸다. 그는 이성계의 역성혁명에 협조하지 않아 의문의 죽임을 당한 고려 말 문신 목은 이색(李穡)의 손자였다.

그러나 온화하면서도 강직했던 선비 이맹균은 우울한 말년을 보냈다.

늘그막에 여종을 품었다가 부인이 여종을 죽이는 바람에 파면당했고 황해도 우봉현(금천군)으로 유배 갔다가 돌아오는 길에 죽었다. 그의 흑역사다.

1426년(세종 8) 겨울,
충청도 신창현(충남 아산)

…

어럽쇼?
양반이 행차
하시는데

이런 놈들이 인사도
하지 않고
달아나네?

…

…

그날 무자비한 폭행으로 신창현의
아전 표운평이 사망했다.

폭행을 주도한 양반은 관찰사와 형조
참판 등 요직을 두루 거친 한성부윤
서선의 아들이자,

좌의정 황희의 사위인 서달(徐達)이었다.

황희는 신창현에 연고가 있는 우의정 맹사성에게 도움을 청했는데

지역 관료와 유지들은 표운평의 가족을 어르고 달래며 고소 취하를 종용했고

서달의 하인 잉질종이 벌인 단순 우발 사건으로 살인사건을 은폐·조작했다.

사건 발생 7개월 후, 형조 판서로 부임한 서선이 이 사건을 세종에게 보고했는데

뜻밖에도 세종은 의금부에 재조사를 지시했다.

결국, 재조사로 권력형 비리의 전모가
밝혀졌고 황희·맹사성·서선을 비롯해서

사건 은폐·조작에 관여한 관료 전원이
처벌됐다.

신개(형조참판) : 귀양
조계생(대사헌) : 귀양
안숭선(형조좌랑) : 귀양
이수강(온수현감) : 장 100대, 귀양
조순(전 지직산현사) : 장 100대, 3년 노역치 벌금
이운(직산현감) : 장 100대, 3년 노역치 벌금
윤환(목천현감) : 장 100대, 3년 노역치 벌금
노호(대흥현감) : 장 90대, 2.5년치 벌금
곽규(신창현감) : 장 100대, 3년 노역
강윤(신창교도) : 장 100대, 3년 노역
신기(도사) : 장 100대

그러나 좌의정 황희와 우의정 맹사성은
파면 12일 만에 원래 관직으로 복직했고

서달은 외아들이라는 이유로 장 100대를
때리고 유배형은 돈으로 대신 치르게 하고
풀어주었는데

누가 세게
때리는지
지켜보겠다.

부리
부리

온전하게 걸어 다닐 수는 없었다.

이 정도라서
다행인 것인가.

아파라

화난 표운평의 아들이 동료 기병 40명을
이끌고 가서 서달의 발뒤꿈치를 아작냈기
때문이다.

...

!?

시집 못 가면 아빠 탓!

곤장을 칠 때 사용하는 넓적한 노처럼 생긴 형벌 도구를 '곤(棍)'이라고 한다.

곤으로 죄인의 볼기를 때리는 곤형(棍刑)은 규격이 정해진 나무작대기로 볼기를 때리는 장형(杖刑)에 속하지만, 법률적으로 곤형과 장형은 엄연히 다른 형벌이다.

곤형은 영조 대에 《속대전(續大典)》에 추가한 형벌로, 작대기로 때리는 장형에 비해 고통이 더 심하고 치사율도 높아서 중죄인을 다스릴 때 적용했다.

곤형은 죄목과 대상이 법으로 규정되어 있는데 대부분이 군무에 관련한 것으로 탈영, 신병 갈취 등 주로 장교와 군졸이 대상이었다.

한 가지 흥미로운 죄목을 소개하면 나룻배가 파선할 때 사공이 승객을 구조하지 않으면 나루터를 관장하는 별감을 곤형에 처했다.

곤형을 집행하는 자도 특별히 정해져 있으므로 사극에서 흔히 보는 고을 사또가 장이 아닌 곤을 치는 행위는 직권남용에 해당한다.

하지만 법률을 위반하며 사또가 곤을 친 경우도 다반사이고, 곤 중에서 가장 무시무시한 치도곤으로도 때렸다니 사극의 고증이 틀렸다고 볼 수도 없다.

조선의 기본 법전인 《경국대전》에는

서른 살이 다 된 양반가 처녀가 가난해서 시집을 못갈 경우, 나라에서 혼인 비용을 대고

서른이 넘도록 딸이 결혼을 안 하면
아버지가 처벌받는 재미난 규정이 있다.

《경국대전》은 《경제육전》 등 기존
법전과 이후의 시행 법령을 토대로
만든 통일 법전으로

1468년 세조 때 초안이 마련되고 꾸준한
검토와 개정을 거쳐 1485년 성종 때
완성되었다.

'영세불변의 조종성헌(祖宗成憲)'이라
하여 조선 사회의 근간이 된 법전으로

조선의 행정 조직인 6조 체계에 맞춰 6개 분야로 나뉘어
총 319개의 조항으로 이루어져 있다.

이전 (吏典)
관제, 관리의 종류와 임명, 인사 등 행정

호전 (戶典)
조세, 토지, 가옥, 녹봉, 노비 매매 등 경제

예전 (禮典)
과거, 제례, 외교, 상복, 혼인 등 민법

병전 (兵典)
군사제도

형전 (刑典)
재판, 형벌, 재산상속 등 형법

공전 (工典)
도로, 도량형 등 산업 관련

몇 가지 흥미로운 조항을 더 살펴보면

사형에 처할 죄를 지은 죄수는 '삼복제'라 하여 세 번의 조사와 재판을 거쳐야 하고

감옥에 갇힌 죄수에게도 한여름에는 얼음을 줘야 하고, 곤장을 칠 때도 한 번에 30대를 넘지 못한다.

여자 노비에게는 출산 전 30일,

출산 후 50일, 총 80일간의 휴가를 주고

남편에게도 15일간의 출산휴가를 주는 현대인들도 부러워할 복지 조항도 있다.

귤 한 알을 하사하노라

중국의 황허와 양쯔강 사이에 화이허강이 있는데 한자어로는 '회수(淮水)'다.
회수는 황허 유역의 화북 지방과 양쯔강 유역인 화남 지방의 경계가 되는 강이다.

춘추시대 초(楚)나라 영왕은 사신으로 온 제(齊)나라 재상 안영의 왜소한 모습을
보고 "제나라는 이렇게 사람이 없는가?"라면서 비꼬았다. 그러자 순발력이 뛰어
난 안영이 "우리는 사신을 보낼 때, 상대국의 상황에 따라 인물을 골라서 보내는
데 초나라에는 제일 키 작고 볼품없는 제가 온 것입니다"라고 맞받아쳤다.
얼굴이 붉어진 영왕이 다시 제나라 출신의 도둑을 보여주면서 "제나라 사람은 원
래 도둑질을 잘 하는가?"라며 조롱했는데, 안영은 "회수의 남쪽에 있던 귤이 회수
의 북쪽에 가면 탱자가 됩니다"라고 응수했다.
환경과 조건에 따라 사물의 성질이 변한다는 뜻의 고사성어 '귤화위지(橘化爲枳)'
의 유래가 된 이야기다.
이 이야기 때문에 종종 귤과 탱자가 같은 종이라고 생각하는 사람이 있다.
하지만 둘은 가까운 친척일 뿐 제주도 귤나무를 서울에 심는다고 탱자가 열리는
것은 아니다. 그래도 귤의 많은 품종이 탱자나무와 접붙이기를 하므로 귤과 탱자
가 가깝기는 하다.

현대 사회에서 귤은 겨울에 많이 먹는 값싸고 맛있는 과일이지만,

옛날에는 아주 귀한 과일이었다.

삼국 시대 남방에서 전래한 귤은 비록 천년의 역사가 있지만, 조선 시대까지는 제주에서만 생산됐다.

전라도 해안으로 나무를 옮겨심으려 여러 차례 시도했지만 모두 실패했다는 기록이 실록에 남아 있다.

종묘에선 계절마다 새로 난 농·수산물을 올리는 제사인 '천신(薦神)'을 지냈는데 음력 10월에는 귤을 올렸다.

귤은 대신들도 임금에게 한두 알 얻어서 소매에 넣고 나올 정도로 귀한 접대용 과일이었는데

종종 임금의 특별 하사품으로 활용되었다.

섣달에는 성균관 유생들의 사기를 높이고 학문을 권장하기 위해

제주에서 진상한 귤을 나눠주고 성균관 유생들만 치르는 특별 과거 시험인 '황감제(黃柑製)'를 열었다.

임금에게 진상하는 귤은 제주 관아의 과수원에서 귤나무를 지키는 군사까지 두어 재배하고 관리했다.

진상과는 별도로 귤은 제주 백성의 대표적인 세금인 공물이었는데

물량을 맞추기 위해 관아에서는 민간이 키우는 귤나무의 열매 수까지 세어가는 등 폐단이 심했다.

특히, 토호들의 수탈이 심해 제주 백성은 일부러 나무를 방치하거나 심지어 나무를 죽이기도 했다.

뭍에서는달콤하고맛있는과일이지만,
제주 백성에게 귤나무는 고통의 나무였다.

1455년(세조 1) 음력 12월, 민심을 수습
하기 위해 제주에 파견한 안무사에게
감귤 공납의 폐단을 줄이라는 *유시를
내렸는데

*관청 등에서 백성을 타일러 가르치는 것 또는 그 문서

유시에는 귤의 품종에서부터 재배·관리·
보관·진상·포장법까지 깨알같이 적혀
있어 귤과 관련한 중요한 사료로 남았다.

최상품인 금귤은 법련이라는 승려 집에
단 한그루만 있었는데 멸종을 우려해서
보전하라고 지시를 내린 기록이 있고

귤이 다치지 않게 '그릇 하나에 귤 한 알씩
넣어서 포장하는 건 어떻겠냐?'는
권장 사항도 적혀 있다.

당시 귤이 얼마나 귀한 것인지
알 수 있는 대목이다.

54

노적가리

쌀은 알곡이 단단해서 속까지 잘 익히기 위해서는 화력이 세든지, 불 조절을 하면서 오래 익히든지 하는 특별한 기술이 필요하다. 아주 오랜 옛날부터 쌀은 보통 시루에 쪄서 조리했다.

우리 민족이 밥을 잘 짓는 것은 이미 주변국에 소문이 나 있었다.
청(淸)나라의 장영(張英)은 '12가지 조건이 맞아야 밥이 맛있다'는 뜻의 '반유십이합설'이라는 글에서 '조선사람은 밥 짓기를 잘한다. 밥알에 윤기가 있고 부드러우며 향긋하고 또 솥 속의 밥이 고루 익어 기름지다. 밥 짓는 불은 약한 것이 좋고 물은 적은 것이 이치에 맞는다. 아무렇게나 밥을 짓는다는 것은 하늘이 내려주신 물건을 낭비하는 결과가 된다'라며 칭송하기도 했다.
그 비결에 가마솥이 있었다. 무쇠로 만든 가마솥은 열전도율이 낮아서 뜨거워지는 데 시간이 걸린다. 대신 빨리 식지 않아 밥과 국을 주식으로 하는 우리 식생활에 잘 맞았다. 전체 가마솥 무게의 3분의 1을 차지하는 무거운 뚜껑은 솥 안의 압력을 높여주는데, 높은 압력에 의해 물의 끓는점이 120℃까지 올라가서 밥이 골고루 익는다.
조선에 온 중국 사신들은 밥맛에 반해서 돌아갈 때 가마솥을 사서 가기도 했다.

기원전 28년 음력 4월, 낙랑군이 신라에 쳐들어갔다가

변경의 신라 백성들이 밤에도 문의 빗장을 걸지 않고, 들에 노적가리가 뒤덮여 있는 것을 보고

신라는 백성들이 서로 도둑질을 하지 않는 도(道)가 있는 나라인데

기습하는 것은 도둑질과 다름없다면서 부끄러워하며 물러갔다고 《삼국사기》는 전한다.

'노적가리'란 볏단·보릿단 등의 곡식단을 원통이나 원추형으로 쌓아놓은 것이다.

오늘날에는 수확과 동시에 탈곡하고 건조와 도정까지 하지만,

옛날에는 한꺼번에 많이 거둔 곡식을 일시에 탈곡하지 않고

곡식알이 붙어 있는 채로 *야적을 했다.

*곡식 등을 임시로 한데 쌓는 것

노적가리는 낟알이 붙은 쪽을 안쪽으로 해서 원통형으로 2미터가량 여러 겹 쌓고, 비나 눈에 맞지 않게 덮개를 씌운 것이다.

'노적가리 불붙이고 튀각 구워 먹는다'나 '노적가리에 불 지르고 싸라기 주워 먹는다' 등

바봇!

비생산성을 나무라는 속담들을 보더라도 노적가리에 곡식알이 붙어 있는 것을 알 수 있다.

낟알이 없는 볏단을 보통 '짚단'이라고 부른다.

볏단

짚단

들과 집 마당에 쌓인 노적가리만 세어도 그 집의 재력을 알 수 있었다.

노적가리가 365개 정도 됩니다.

어이구 밥 안 먹어도 배부르겠소.

부잣집일수록 마당이 넓은데 마당이 바로 노적가리를 위한 야적장이기 때문이다.

노적가리를 닮았다고 노적산이나 노적봉이라고 이름 붙은 산과 봉우리도 전국에 여러 개 되는데

자기 동네에도 노적산이 있다는데?

우리 동네 뒷산 가는 길 이야!

우리 큰집에는 노적봉이 있어.

등산로

57

가장 유명한 것은 전남 목포 유달산 동쪽 끝자락에 있는 커다란 바위다.

이순신 장군이 이 바위에 짚으로 이엉을 만들어 덮고 대형 노적가리로 위장해서 군량이 넉넉하다고 왜적을 속였는데

이후 사람들은 이 바위를 '노적봉'이라고 불렀다.

노적가리는 동·서양을 막론하고 풍요의 상징이었다.

밀레의 '이삭 줍는 여인들'에는 풍요와 빈곤의 대조가 잘 드러난다. 이삭 줍는 사람들 저 멀리에 노적가리가 보인다.

들에 쌓인 노적가리는 보통 여유롭고 넉넉한 목가적인 풍경으로 그려진다.

하지만 해가 떨어지고 어두워지면 사정은 달라지는데

혹시나 도둑이 노적가리의 곡식을 훔쳐갈까봐 전전긍긍하는 농부의 현실이 펼쳐진다.

누가 내 볏단을 훔쳐갈까봐 잠이 안 와…

밤에 몰래 서로의 노적가리에 볏단을 옮겨주다 마주친 의종은 형제 이야기는 동화지, 현실에서는 도둑으로 몰리기 딱 좋은 장면이다.

형님…

마을 단위로 야간 감시조를 편성해서 교대로 순찰하면서 노적가리를 지켰는데

뒷골은 이상무.

흉년에는 아예 논에 움막을 지어 풍찬노숙하며 노적가리를 지켰다.

나는 벼베기 전부터 캠핑중…

엊그제 옆 고을에서 노적가리 지키다가 호랑이한테 물려갔다더라.

아씨… 무서운 얘기 하지마…

대감마님의 럭셔리 자가용 말

일본 나라현에 있는 도오다이지(동대사, 東大寺)라는 절에는 쇼소인(정창원, 正倉院)이라는 왕실 유물 창고가 있다.

1933년 10월 《화엄경론질(華嚴經論帙)》 책갑을 수리하던 중, 불경을 보호하기 위해 책갑에 덧댄 재활용 폐지를 발견했는데 그 내용이 심상치 않았다.

그것은 8~9세기 통일신라의 지방통치자료인 '신라촌락문서'였다.

'신라장적', '신라민정문서'라고도 하는 이 문서에는 서원경(청주) 인근 촌락 4곳의 면적, 호구, 인구, 소와 말의 수효 등이 적혀 있는데 마을의 뽕나무, 호두나무의 개수까지 적혀 있는 통계 자료였다.

통계에 따르면 소는 22마리인데 말은 25마리였다.

전쟁 없는 평화로운 시기에도 신라인들은 소보다는 말을 더 많이 키우고 있었다.

'우경(牛耕)'이라는 말 때문에 소만 밭을 간다고 생각하기 쉬운데 말을 이용해서도 밭을 갈았다.

음…

방귀좀 끼지 마라

말은 고대부터 수렵·전쟁·운송·통신과 더불어 농업에 이르기까지 아주 유용하게 쓰인 전략 물자였다.

나는 농업

조선 시대에도 말은 중요한 자원으로 군사도 보병이 반, 기병이 반이었다.

조선에는 가마와 말을 탈 수 있는 신분과 등급이 법으로 정해져 있었는데

가마는 당상관 이상의 고관과 그 부인만 탈 수 있었고 그 이하는 말을 탔다.

평민이 가마나 말을 타는 것은 엄격히 금지했고

일생에 딱 두 번 가마와 말을 탈 수 있는데 본인의 결혼식과 장례식이다.

사극에서는 지체 높은 양반들도 걸어 다니지만, 양반은 대부분 말을 타고 다녔다.

체면을 중시하는 양반들은 말이 없어서
걸어간다는 걸 수치스럽게 생각했다.

가난한 양반들도 자기 자식이나 집안의
결혼식에 갈 때는 말을 빌려서라도 타고
가곤 했다.

조선의 양인 남자 세 명 중 한 명은 군역을
지는 정병이고, 두 명은 보인이다.

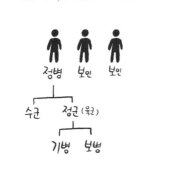

정병과 보인을 결정하는 기준은 '집에 땅이
얼마나 있느냐?'하는 재산의 규모다.

기병은 양인 중에서 땅이 좀 있는 부류고,
보병은 땅이라도 있는 부류고, 돈을 내는
보인은 대부분 소작농들이었다.

그래서 기병은 양인 사회에서 나름 위상도
있고 꽤 좋은 대우를 받았다.

말은 덩치에 비해서 위가 작다. 그래서 조금씩 자주 먹는 동물이다.

말은 조금만 뛰거나 걸어도 쉽게 허기를 느끼는데 한창 전투 중에는 말을 먹이기 쉽지 않다.

유목민들은 전쟁 때 소화흡수력을 높여 말 먹이 주는 횟수를 줄이기 위해서 말죽을 끓여 먹이기 시작했다.

반면 반추동물인 소는 죽을 먹는 게 해로운데 말죽의 영향으로 조상들은 고집스럽게 소죽을 끓였다.

조선인들은 조선의 소가 해가 갈수록 여윈다고 걱정했는데 소죽이 한 가지 원인이었다.

자주 먹이면서 관리할 마부가 꼭 필요하다 보니 말은 유지비가 많이 드는 가축이었다.

말을 타면서 마부가 고삐를 쥐고 걸어가는 게 이상해 보이지만, 사실은 마부 없이 말을 타는 게 더 이상한 거다.

선비들은 말보다 타기 쉽고 유지비가 적게 드는 노새를 선호했다.

다만 무관은 직업상 항상 말을 타야 하므로 말 대신 노새를 탔다가는 경을 쳤다.

대궐에 입궐할 때 서반인 문관은 서문으로, 동반인 무관은 동문으로 들어가는데

경복궁 서문인 영추문(迎秋門) 앞에는 말과 노새, 마부들이 대기하고

경복궁 동문인 건춘문(建春門) 앞에는 말과 마부가 대기하고 있는 게 양반 관료들의 입궐 풍경이었다.

세상에 버릴 사람은 없다

1800년대 말, 찰스 다윈의 친척이기도 한 영국의 프랜시스 골턴(Francis Galton)에 의해 창시된 '우생학(優生學)'은 인류를 유전적으로 개량하는 것을 목적으로 연구하는 학문이었다.

우생학은 '백인은 신체적으로 우월하고 흑인은 열등하다', '체구가 큰 사람이 우월하다' 등 애당초 잘못된 결론을 내놓고 이를 증명하기 위해 증거를 선택적으로 수집하여 끼워 맞추었다. 과학이 어설프게 발달한 시절 과학이라기보단 이데올로기에 가까웠던 유사과학이다. 제국주의의 도구로도 악용되었고, 경제 대공황과 나치의 홀로코스트를 겪으면서 사라졌다.

우생학이 득세하던 시절, 세계 곳곳에서 인종 대학살이 자행되었는데, 특히 장애인들은 지역과 민족을 막론하고 강제 불임시술을 당하는 등의 엄청난 인권 침해를 당했다.

만화는 정창권 교수의 저서 《역사 속 장애인은 어떻게 살았을까(글항아리)》를 많이 참고했다.

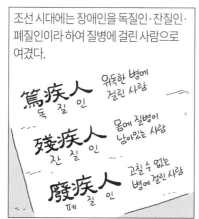

장애인 부모를 부양하는 자식 중 한 사람을 시정(侍丁)이라 하여 군역과 부역을 면제해주었다.

장애인을 학대하거나 죽이는 자에게는 가중처벌을 내렸고

장애인 살해사건이 발생하면 해당 고을 수령을 파직하고 읍호를 강등시켜 고을에 연대 책임을 물었다.

성군인 세종대왕은 즉위 초부터 장애인 구호에 적극적이었다.

세종의 아들인 세조도 장애인 정책을 적극적으로 시행했다.

한성부에서 청각·언어·지체장애인을 위한 도우미를 고용하게 하고

분기마다 실적을 보고서로 작성해 올리도록 했다.

내가 어떤 사람인지는 알지?

꼼꼼하게 챙길거다. 보고서 확실하게 올려라. 이상!

또한, '명통시(明通寺)'를 설립하고 지원했는데

절 사(寺)야? 관청 시(寺)야?

시각장애인들의 점복 교육기관 및 집회소로 오늘날의 시각장애인협회와 같았다.

원래 맹인을 구제하기 위해 '명통사'라는 절을 세운 것인데 지금은 관청이 되었습니다.

'명통시'로 읽습니다.

명통시는 맹청(盲廳)이라고도 불렀는데 독경·점복·기우제 등에서 나랏일을 도맡았다.

민본주의 국가인 조선은 장애인 대책에서 선진국이었는데

당시 유럽에선

신의 형벌을 받은 사람이라 하여 가혹하게 취급했는데…

장애인들의 자립을 무엇보다 중요하게 생각했다.

관아에 나와 갑옷 미늘 엮는 일을 하도록 해라.

고맙습니다. 나리~

점복사·악공·독경사 등 장애인 전문 직업인을 양성했고

관아에서 필요한 물품을 생산하는 사람인 공장(工匠)으로 장애인을 우선 고용했다.

꼼꼼하게 잘 했네

사이즈 안 맞으면 말씀하십시오.

관직 등용에도 차별을 두지 않았는데

옛날의 제왕들은 장님을 악사로 삼아 거문고를 타고 시를 읊게 하였는데

조선의 궁중음악을 정비한 박연(朴堧)은 관습도감(慣習都監)의 관원으로 시각장애인을 발탁해야 한다고 주청을 올려 관철했다.

그들은 눈이 없어도 소리를 살피기 때문이며

또 세상에 버릴 사람은 없기 때문인 것이옵니다.

조선 초, 청백리이자 명재상이었던 허조(許稠)는 중증 척추장애인이었고

숙종 때 우의정을 지낸 윤지완(尹趾完)은 한쪽 다리가 없었는데

불편한 다리를 이유로 79차례나 사직을
청한 끝에 겨우 면직될 만큼 숙종의
신임을 얻었다.

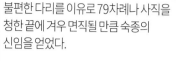

영조는 청각·언어장애인이던 이덕수를
외교사절의 단장으로 임명했다가

이덕수가 고사하면서 결국 취소했는데,
당시 영조의 대답이 걸작이었다.

조선에서 장애인은 단지 몸이 불편한
사람이었을 뿐이다.

조선도 장애인에 대한 편견이 아예 없지는 않았지만,
적어도 '사회가 장애'가 되는 곳은 아니었다.

미지의 섬을 찾아서

세종 때 여진족을 몰아내고 함경도(당시 함길도) 6진 개척 지역을 조선 영토로 편입하면서 조선 정부는 함경도 백성들에게 국역 면제 등의 혜택을 주었고 토호들은 자치정부 수준의 권한을 가졌다.

함경도 인구를 늘리기 위해 삼남의 백성을 이주시키는 북방사민(北方徙民)정책을 폈는데 대부분 가진 것 없는 백성이 이주 대상이었다. 경제적 자립이 어려운 이주 백성은 자연스레 노비 수준으로 토호들에게 예속되었고 이것이 토호들이 가진 힘의 원천이었다.

세조는 계유정난과 단종복위운동 진압으로 인해 실추된 권위를 세우기 위해 왕권을 강화하면서 강력한 중앙집권정책을 폈다.

세조는 함경도의 특혜를 인정하지 않았다. 현지 토호에게 관직을 주던 과거와 달리 중앙에서 관리를 파견했다. 호패법을 통해 주민의 이주를 제한하고 군역과 부역을 부과했다. 특히, 계유정난 당시 함길도 도절제사 이징옥이 세조의 왕위찬탈에 저항해 반란을 일으키면서 이 지역에 대한 통제는 더욱 강화됐다.

1467년 이시애(李施愛)의 선동으로 함경도 토호들의 반란인 '이시애의 난'이 일어났다. 조선 초 최대의 반란 사건이었다.

이시애의 난 이후, 조선에는 함경도 유민이 부역과 세금을 피해서

옷 살겠다.

동해 한가운데 있는 '삼봉도(三峰島)'라는 섬에 들어가서 모여 산다는 풍문이 돌았다.

수천 명이 모여 산대.

땅도 기름지대

부역도 세금도 없다더라.

풍문을 보고받은 성종은 동해 바다에 무릉도(울릉도)과 우산도(독도) 외에 또 다른 섬이 존재할 수 있다고 생각했다.

그렇다면 혹시?

세종 때도 울릉도 북쪽에 있다는 정체불명의 섬인 '요도(蓼島)'를 찾으려 했지만, 결국 찾지 못한 전례가 있었다.

세종대왕께서 찾으시던 전설의 섬 요도가 삼봉도?

아마도

조선 조정은 논의 끝에 탐험대를 보내서 삼봉도를 찾기로 했다.

해적의 소굴로 변해 왜구처럼 위협이 될 수도 있습니다.

왜구의 근거지가 될 수도 있소.

1472년(성종 3) 음력 4월, 탐험대장인 삼봉도 경차관 박종원은 임금에게 하직 인사를 하고 울진으로 내려갔다.

동해는 험한 바다이니 각별히 조심하시오.

예~ 전하.

음력 5월 28일 *초마선 4척에 서울과 강원도에서 선발된 군사 160명이 나눠 타고, 화포로 무장한 탐험대는 울진항에서 닻을 올렸다.

가자! 바다로~

*조선 초의 조운선으로 대형선이다.

탐험대는 삼봉도의 위치를 안다는 함경도 부령 사람 김한경을 길잡이로 삼았다.

하지만 출항 하루 만에 풍랑을 만나 탐험대는 흩어지게 되었는데

박종원의 대장선은 울릉도 북동쪽 15리 해상에서 닻줄이 끊어지면서 일주일간 표류하다 가까스로 간성군에 표착했고

대장을 잃은 나머지 3척의 배는 울릉도에 도착해서 3일간 머무르며 울릉도만 살펴보고 돌아와야 했다.

1차 탐험에 실패하자, 조선 조정은 곧바로 2차 탐험을 준비했다.

1차 탐험 때와 같은 규모로 이번에는 함경도 군사들이 탐험에 나서기로 했다.

길잡이로 나선 김한경이 말하길
경흥에서 맑은 날에는 심봉도를 볼 수 있고

보인다!

블라디보스토크 →

경흥

회령 동쪽으로 7일 주야로 항해하면 도착하고
북쪽으로 4일 주야로 항해해서 돌아왔다는데

회령
경흥
가는 길
돌아온 길

1차 수색
울진
울릉도
ㅇ 우산도

이 땅이 둥글다면 또 모를까...

지난 수색 때는 울진에서 출항해 동쪽으로
하루 밤낮으로 항해하며 울릉도로 간
연유는 무엇인가?

경흥

강릉
울진
울릉도
ㅇ 우산도

조선의 땅 모양을
안다면 할 수 없는
말일 것이다.

뭔가
의심스럽구나.

성종은 몇 가지 의구심이 들었다.

울릉도 북쪽에 요도가 있다면서
그동안 요도에 다녀온 사람이
없다는 점도 이상하고...

조선 조정은 대규모 수군 탐험대 파견은
일단 중단하기로 하고

함경도 수군이
심봉도 수색하는 것을
일단 중단하라.

73

소규모 민간 탐험대를 운영하면서 삼봉도를 수색하는 것으로 계획을 수정했다.

그로부터 3년 후인 1476년 음력 2월, 김한경 등 6인이 삼봉도를 발견했다는 반가운 소식이 전해졌다.

성종의 지시로 함경도 관찰사는 9월 16일 마상선(소형선) 5척과 12명으로 구성된 민관 합동 탐험대를 삼봉도로 보냈다.

출항 9일 후, 탐험대는 삼봉도 서쪽 2km 떨어진 곳에서 섬을 관찰하고 섬의 모양을 그림으로 그려 왔는데

섬 사이에 30개의 사람 형상이 있어서 가까이 접근하지는 못했다.

※ 당시 탐험대가 발견한 섬은 독도였고, 사람의 형상은 번식기에 들어간 바다사자였다.

조정에서 삼봉도를 발견했다는 사실이 알려지면서 함경도의 민심은 더욱 술렁거렸다.

함경도에 경차관으로 파견된 신중거가
부역을 피해 삼봉도로 들어간 자가
1,000여 명에 이른다고 보고하자,

이런!!

※ 신중거가 말한 삼봉도는 울릉도로 추정됨.

1479년(성종 10) 음력 8월, 조선 조정은
본격적으로 삼봉도를 토벌하고 섬에 간
백성을 데려올 계획을 세웠다.

군사 1500명
정도는 보내는 것이
어떻겠소?

300~400명
정도면 충분합니다.

초마선 50척을 건조하고 삼봉도에 들어간
백성을 향한 임금의 유시(담화문)까지
발표했다.

순순히 돌아오면
목숨을 살려준대.

두령이 항복하면
벼슬도 준다고 꼬시게.

저항하는 자는
무력 진압~

그러나 초무사로 선정된 정석희와
박종원이 잇달아 병을 핑계로 바다로
나가는 것을 꺼렸는데

가면 마누라가
죽인다는데…

지난번 표류한
트라우마가…

성종은 이들을 파직하고 유배를
보내면서까지 삼봉도 토벌 의지를
꺾지 않았다.

씨… 그냥
간다고 하는 건데

표류 한번
해보면

유배지가
천국이란 걸
깨달을 것이오.

또한, 여진족 추장들에게 조선군 토벌대가
풍랑으로 표류하면 무사히 돌려보내라는
공문까지 발송했다.

해안선에
보초를 세워라!

표류하는 조선군은
바다의 로또!!
송환하고 포상금 받자~

75

1480년(성종 11) 5월, 9척의 전함과 200여 명의 군사로 이루어진 토벌대는 출항을 기다리고 있었는데

바람이 심상찮고 장마철이 온다는 이유로 갑자기 토벌을 중단시켰고, 이후 삼봉도 토벌계획은 없었다.

뜻밖에도 삼봉도를 발견하고 몇 차례 탐험에도 합류했던 김한경이

'거짓으로 사람들을 선동한 죄'로 처형되었다.

김한경이 바위섬인 독도를 조선 사람 1,000여 명이 거주하는 삼봉도라고 거짓 또는 과장한 것인지,

사기꾼 모드

울릉도나 독도가 임금이 찾는다는 삼봉도라고 굳게 믿은 것인지 자세한 내막은 알 수 없지만

억울한 백성 모드

조정은 함경도 유민이 들어가서 모여 산다는 삼봉도는 실제 존재하지 않는 것으로 최종 결론을 내렸다.

삼봉도는 오랜 *공도 정책으로 정보가 부족해서 울릉도나 독도를 삼봉도로 생각한 사람들의 착각과 삼봉도 찾기에 유난히 집착했던 성종의 호기심,

*섬 거주민들을 본토로 이주시키는 정책

그리고 부역과 세금으로 고단한 사람들이 꿈꾸는 수평선 너머의 이상향이 복합적으로 빚어낸 환상의 섬이었던 것이다.

숙종 때 안용복 사건을 계기로 조선은 정기적으로 '수토사(搜討使)'를 보내 울릉도와 독도를 관리했고

1882년(고종 19) 공도 정책을 폐지하고 '울릉도 개척령'을 반포하면서 울릉도는 다시 사람이 사는 섬이 되었다.

조선에도 블랙리스트 곡이 있었다

고려가요, 고려속요, 고려가사, 속가, 속가사, 잡가, 속곡⋯⋯ 여러 이름으로 불리던 조선 시대 이전의 대중가요가 근래 '속요(俗謠)'라는 용어로 정리되고 있다.

속요는 고려 후기에 이르러 궁중으로 들어와 궁중음악으로 재편되기도 했다. 클래식만 연주하던 오케스트라가 대중음악을 연주하는 풍경이었을 것이다.

조선의 사대부들은 '쌍화점' 같은 선정적인 노래가 유교적 기본질서에 반한다고 하여 속요를 줄줄이 퇴출했다. 그런데 그 선정성을 문제 삼기 위해 기록을 해둔 덕분에 아이러니하게도 오늘날까지 전해지고 있다.

그 의미를 두고 여러 해석이 있을 정도로
발표 당시에도 논란이 일었다.

따라서 다소 불건전한 가사가 금지곡의
이유라고 생각하기 쉬운데

정작 금지곡이 된 이유는 따로 있었다.

군사 정권 시절에는 많은 대중가요가 별
시답잖은 이유로 금지곡이 되었다.

이금희 '키다리 미스터 김'

쟈니 리 '내일은 해가 뜬다'

송창식 '고래사냥'

송창식 '왜 불러'

왜 불러~ ♬ 왜 불러~

어쭈! 반항하냐? 반항적이라서 금지!!

일제강점기에는 민족정신을 고취하는 노래들이 금지곡이었는데 '아리랑'은 금지곡 1호였다.

〈아리랑〉부르면 잡아간다.

〈봉선화〉도

썩을...

1928년 조선인이 최초로 작사·작곡한 대중가요 '황성옛터'는 레코드판이 무려 5만 장이나 팔릴 정도로 인기를 누렸는데

황성 옛터에 ♬ 밤이 되니 월색만 고요해~ ♬

망국의 한을 달래는 노래다.

작사가와 작곡가가 일제 경찰에 끌려가 고초를 겪었고, 노래는 금지곡이 되었는데 금지 이유는 '치안방해'였다.

그런 노래를 만든 이유가 뭐냐?

조선 시대에도 금지곡이 있었는데 대표적인 게 '고려가요'다.

멜로디는 좋은데

가사가 참으로 낯 뜨겁구나!

고려가요는 고려 시대 민중에 의해 창작되고 구전된 노래들인데 고려 왕실에서 궁중음악으로도 연주되었다.

이 노래들이 조선에서 문헌으로 남기는 바람에 오늘날에도 전해지는 건 다행이야

고려에 이어 조선의 궁중에서도 종묘제례와 연회 등의 행사 때 연주되었는데

남녀 간 사랑을 노골적으로 묘사하는 남녀상열지사의 가사는 늘 문제가 되었다.

저런 음탕한 노래가 대전에까지 울리다니!!

멜로디는 참 좋소만...

1488년(성종 19) 음력 4월 4일

'서경별곡'과 같은 것은 남녀가 서로 좋아하는 가사이니, 매우 불가하다.

악보는 갑자기 고칠 수 없으니,

'서경별곡'의 곡조에 따로 가사를 짓는 것이 어떻겠는가?

...

성종은 가사만 문제 삼았을 뿐, 많은 사람에 의해 불리고 사랑받는 노래의 선율은 금하지 않았는데

운율도 맞고

내용도 완벽해!!

'서경별곡'의 곡조에 태조의 위화도 회군을 칭송하는 정도전의 '정동방곡'을 새로운 가사로 덧입히기도 했다.

건전 가요로 바뀌는 겁니까?

♪

연산군은 한글을 탄압했나

'나라 말씀이 중국과 달라 서로 통하지 않으니'로 시작하는 훈민정음 서문은 읽는 사람에 따라서 그 의미가 다른 중의적인 글이다.

한문을 읽지 못하는 백성을 위해 '새로이 우리 문자를 창제한다'는 세종의 뜻을 명확히 담고 있는데, 한문을 읽을 줄 아는 유학자들은 세종께서 한자의 우리말 발음기호를 만든 것으로 생각했다.
조선 초만 해도 한자 발음이 지역마다 사람마다 제각각이어서 발음을 표준화할 필요가 있었다. 예를 들어 '東'이라는 한자를 대부분의 사람은 '동'으로 발음하지만, 어떤 이는 네이티브 스피킹을 한답시고 '둥'이라고 발음하고 어떤 이는 '덩', '동', '둥' 등으로 다르게 발음했다.
'훈민정음(訓民正音)'은 '백성을 가르치는 바른 소리'라는 뜻인데 이 명칭을 '백성을 가르치는 올바른 한자 발음'으로 생각할 수 있다.

세종의 의도였는지도 모른다.

1504년(연산군 10) 음력 7월 19일, 연산군의 처남 신수영이 서찰 하나를 은밀하게 연산군에게 전했다.

그것은 *제용감의 수장 이규의 심부름꾼이 신수영의 집에 전했다는 세 장짜리 익명의 한글 투서로

*의복 등의 일을 관장하는 관청

몇몇 의녀들이 모여서 연산군을 비방하는 말을 했으니 이 의녀들을 징계해야 한다는 내용이었다.

임금이 사람을 함부로 죽여!!

여색은 얼마나 더 밝히는지...

격노한 연산군은 투서에 거론된 의녀들을 잡아들여서 조사했다.

석 달 전, 궁 안의 일을 외부에 발설한 궁녀 세 명을 참형했기 때문에 연산군의 심기는 더욱 불편했다.

함부로 소식을 유출하는 자는 극형으로 다스리겠다!

하지만 의녀들은 이를 한사코 부인했고, 이규 역시 신수영에게 심부름꾼을 보낸 사실이 없다고 했다.

투서를 본 적도,

심부름꾼을 보낸 사실도 없습니다!!

조정은 익명의 투서 사건으로 정의하고 투서를 쓴 범인을 색출하는 것으로 수사를 전환했다.

전수 조사 하라!

언문을 아는 모든 이가 용의자다!

도성의 문을 걸어 잠그고 한글을 쓸 수 있는 모든 사람들의 필적을 대조했고

투서에 이름은 한자로 썼기 때문에 한자를 아는 사람까지 수사를 확대했지만, 진범은 결국 찾아내지 못했다.

연산군은 훗날 발생할지도 모르는 유사 범죄나 벽서 사건에 대비해 도성 사람들의 필적을 모아 책으로 엮어서 보관했는데

지문이나 DNA 등록처럼 도성 백성의 필적을 데이터베이스화한 것이다.

연산군은 이때, 한글 사용을 금지하는 전교를 내리면서 훗날 '한글을 탄압했다'는 평가가 따라붙게 되었다.

하지만 그 전교를 내린 지 얼마 지나지 않아 한글로 역서를 번역하게 하고

역서는 언문으로 써야 백성이 읽기 좋지…

사망한 궁녀의 제문은 한글로 지어서 읽게 하고, 새로 지은 음악의 악장(가사)을 한글로 인쇄하게 했으며

가사를 한문으로 적어서 노래할 수 있겠는가?

대비의 탄생일 축문도 한글로 번역하게 했다.

대비께서 읽으실 수 있게 언문으로 써 와라.

또한, 각 관청에는 양인과 노비를 막론하고 한글을 아는 여성 2명씩을 고용하도록 했다.

연산군은 한글 탄압이라는 오명을 뒤집어쓰기에는 한글 사랑(?)이 남다른 임금이었다.

그땐 그냥 홧김에 그런 거야.

상소와 비답

《조선왕조실록》에는 다양한 상소문이 실려 있다.

전·현직 관리가 올린 상소가 대부분이지만, 지방에 사는 양반이 올린 상소가 실리기도 한다. 편집 기준은 알 수 없다.

당시의 현안에 관해 논하는 글이 많지만, 종종 나라를 위한 충정에서 그동안 자신의 아이디어를 목록으로 만들어서 상소문에 빼곡히 적은 사람도 있다.

실록을 편찬한 사람들이 후세에 남겨야겠다고 생각해서 실은 것일 터인데 가끔 현대인이 보기에도 저자의 상상력이 지나치다고 생각할 만큼 황당한 제안도 있다.

조선에는 임금과 신하 간의 직접 소통을
위한 수단으로 '상소'와 '비답'이 있었다.

학자의 나라 조선의 임금은 온종일 수업 일정이 짜여 있는
매우 고달픈 학생과 같은 처지였는데

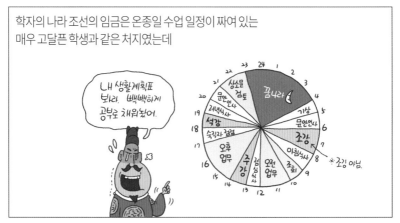

틈나는 대로 전·현직 관리와 전국의
유생들이 보내온 상소를 읽고 임금의
답변인 비답을 내려야 했다.

상소는 쓰고 제출하는 방식이
엄격하게 정해져 있는데

성균관 유생의 '유소(儒疏, 연명 상소)'는
작성하고 제출하는 방식이 꽤 흥미롭다.

성균관의 학생회인 '재회'에서 상소를 올릴
것인지를 다수결로 결정하면

유소를 준비할 '대의사'의 임원진인
'소임'을 정하고, 대표 저자인 '소두'를
결정했다.

상소문이 완성되면 소두부터 시작해서
작성자의 이름을 적고

일반 유생들의 서명을 받았다.

함에 넣어서 봉인한 유소를 임금께 전달하기 위해 대궐까지 행진하는 것을 '소행'이라고 하는데

임금은 명령을 내려 도로를 청소하고 관아의 사령을 보내 소행하는 성균관 유생의 행렬을 호위하도록 했다.

최고 교육기관 학생들의 유소는 대신의 상소와 동등한 대접을 받을 정도로 권위가 있었다.

궐문 밖에 도달한 성균관 유생들은
승정원에 상소를 전달하고

대궐 앞에 천막을 치고, 마치 농성하듯
왕의 비답을 기다렸다.

왕의 비답이 마음에 들지 않으면
다시 상소문을 지어 소행하는 과정을
되풀이했는데,

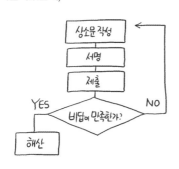

세 번째 비답에도 만족스러운 답이 나오지
않으면 성균관 식당의 식사를 거부하는
'권당(捲堂)'을 도모하거나

밥 먹으러 안 오면
출석 체크를 못 해…

성균관을 비우고 집으로 돌아가는
'공관(空館)'이라는 동맹휴학을
감행하기도 했다.

애들아~

남 교리, 결국 파직…

나리, 휴가라고
생각하십시오…

…TT

제사상은 원래 남자가 차리는 거라고?

조선 초, 명(明)나라는 우호를 명분으로 공녀(貢女)를 요구했다.
태종에서 세종 연간 총 일곱 차례에 걸쳐 처녀를 선발해서 보냈는데 적게는 1명에서 많게는 25명이었다.
1~5차는 명나라 황실의 후궁이나 궁녀가 될 처녀로 관료들의 딸을 보냈는데 명의 선덕제(宣德帝)가 조선 음식과 음악에 빠졌는지, 6차부터는 노래하는 '창가녀(여자 가수)'와 음식을 만들 '집찬비(여자 요리사)'를 요구했다.
그들의 신분은 관비나 사비 등 여자 노비였다.

이역만리 타국으로 떠나 가족과 생이별을 해야 하는 나이 어린 처녀들과 가족을 위로하기 위해 세종은 그들을 직접 근정전에 불러 위로했고, 부모에게는 평생 부역을 면제하고 생계를 도울 봉족을 2명씩 붙여주었다.
소헌왕후는 그들의 친족까지 불러서 경회루에서 전별연을 열었다. 창가녀가 구슬픈 노래를 시작하자 전별연은 순간 울음바다로 변했고 지켜보는 사람 중 눈물을 흘리지 않는 자가 없었다.

1433년(세종 15) 명나라에서 공녀로 궁중 요리사를 보내 달라고 요청하자, 조정은 몹시 난감해졌다.

조선의 궁중 요리는 '숙수(熟手)'로 불리는 남자 요리사가 만들기 때문이다.

여자 요리사가 아예 없는 것은 아니었지만,
극히 적은 수였고

376   **12**

※ 당시 수라간 노비 388명 중 남자는 376명,
여자는 12명이었다.

그마저도 음식을 데우거나 하는
단순 보조나 중전이나 공주의 음식을
나르는 역할을 맡은 여자들이었다.

궁중에 남자 요리사가 많은 건
제사가 워낙 많아서다.

전하~ 오늘은
선대왕대비마마의
제사이옵니다.

목욕재계
하시옵소서~

알았노라 ㅠㅠ

제사 음식은 남자가 만들어야 하기 때문에
요리사를 아예 남자로 채웠다.

삽십보 이내 접근금지다!

죄송합니다
나리.

양반 남자들도 제수 준비부터 상차림까지
손수 했는데 요즘도 뼈대 있는 가문의
종갓집에서는 남자들이 제사 음식을 한다.

참기름을
너무 많이
넣었어.

아버지
물 끓습니다.

오올
오올

초몰초몰

제사는 본디 권력자가 누리는 권위이자
권한과 같은 것이다.

하늘에 제사
지내는 것은
오직 천자(황제)
만이 할수있다.

고려 말, 정몽주가 품계에 따라
제사의 범위를 한정했고

- 3품 이상 : 증조부모까지 3대
- 6품 이상 : 조부모까지 2대
- 7품 이하 : 부모까지

조선은 세조 때 《경국대전》에 제사의
범위를 법으로 규정했다.

- 3품 이상 : 고조부모까지 4대
- 6품 이상 : 증조부모까지 3대
- 7품 이하 선비 : 조부모까지 2대
- 일반 양인 : 부모까지

조선에서 할아버지 제사를 지낼 자격이
있는 사람은 최소한 양반 신분은
되어야 한다는 소리다.

상차림에는 딱히 규정이 없는데 송나라
주희의 의례서인 《주자가례》를 참고할 뿐
집마다 달랐다.

하도 다르다 보니 율곡 이이가 표준으로
삼으라며 《격몽요결》에 상차림 법을
그림으로 남겨놓기도 했다.

조선 선비들은 형편에 따라 검소하게
차리는 것을 원칙으로 삼았는데

어떻게 차려야 하는지는 공자(孔子)가
이미 답을 해주었기 때문이다.

1894년 갑오개혁으로 신분제가 철폐되자
평민들도 앞다투어 제사를 지내기
시작했다.

공자님 말씀을 새겨들은 적도 없다 보니
어쭙잖게 주워들은 남의 집 제사 법도를
신봉하며 격식을 따지게 되었는데

홍동백서·조율이시·어동육서 운운하며
'감 놔라 대추 놔라'하는 상차림법은 사실
1960년대 와서야 등장했고

집안 간에 제사상 배틀을 벌일 정도로 제사는 허례허식으로 변질되었다.

1973년부터 정부는 법률로 간소한 제사를 강제하고 단속까지 했지만, 잘 지켜지지 않았다.

조선 왕실의 제사상보다 화려한 오늘날의 상다리 휘어지는 제사상은 70·80년대 미디어를 통해 소개되어 확산하면서 표준(?)으로 자리 잡았는데

이는 4대조까지 제사를 모실 자격이 있던 조선 권문세가 한 문중의 제사상을 그대로 벤치마킹한 것이다.

제사나 차례상의 정성은 음식의 가짓수가 아니다.

조선
오프 더 레코드

변방의 군졸에게 패딩을

조선의 북방 국경을 지키는 군사들은 대부분 '토병(土兵)'이라고 불리는 현지 지역민들이다.

후방의 정병들이 순번을 정해서 2개월씩 교대로 복무하는 것과 달리 토병들은 적이 없으면 농기구를 들고, 적이 나타나면 곧바로 무기를 드는, 말 그대로 병농일치를 완벽하게 구현한 사람들이었다.

365일이 군 복무나 다름없기 때문에 삶이 고단하긴 해도, 나라에서 작게나마 봉급이 나오니 그나마 위안은 된다.

그런데 북방의 겨울은 너무 춥다.

추운 날씨에 변방에서 고생하는 병사에 대한 걱정은 조선 시대도 마찬가지라서

오~
춥다…

변방에서 *수자리하는 군졸에겐 별도로 '납의(衲衣)'라는 패딩형 점퍼를 지급하기도 했다.

*국경을 지키는 일

月

납의는 솜을 넣은 누비옷으로 오늘날에도 쉽게 볼 수 있는 승려의 방한복과 같다.

평안·함경 지역은 목화를 재배하기 힘든 곳이라서 솜이 비싸고 귀했다.

납의는 규정에 따라 군사에게 지급하는 물품이 아닌 위문품으로

한양의

바람도 친데, 변방은 얼마나 추울꼬...

각 관청에 수량을 배당해서 각출했고, 왕실 종친과 관리에게도 할당했는데

♪

참으로 뜻깊은 일이오.

에헴!

사랑의 모음함 ♥ 위문품

1528년(중종 23)에는 서울 사는 양반들이 나누어 부담하기도 했다.

동반과 서반에 분정하여 만든 것이 모두 1천 7백 령이옵니다.

납의 보내기에 가장 적극적인 임금은 중종이었는데,

음...

납의를 조잡하게 만든 수령 11명과 만호 2명을
한꺼번에 파직시킨 적도 있고

무게가
4근 11냥이라고
규격까지
정해줬는데

네 자식이면
이따위 얇은 패딩을
입힐 수 있겠어?

팔랑~
팔랑~

왕실 종친이 납의를 내지 않거나 불량품을
바치면 *종부시(宗簿寺)를 통해 족쳤다.

이 아름다운
정책을

왕실 종친이
거부하다니!"

*왕실 종친을 규찰하는 관청

실록은 변방에 납의를 보내는 일을
'아름다운 정책'으로 기록하고 있다.

美 미
政 정

제작된 납의는 겨울이 오기 전,
납의경차관(衲衣敬差官)을 변방에
보내 군졸에게 직접 전달했는데

경차관은
필요에 따라
특정 임무를 띠고

지방에
파견하는
관원입니다.

납의를 나누어주는 날은 술과 고기를
내어 군졸을 위로하는 날이기도 했다.

나리도
같이 드시지요!

너희들이나 많이 먹어라.

조선 시대에도 가짜 뉴스가?

"사신은 논한다. 대간이 조광조의 무리를 논하되 마치 물이 더욱 깊어가듯이 아직 드러나지 않았던 일을 날마다 드러내어 사사하기에 이르렀다.

임금이 즉위한 뒤로 대간이 사람의 죄를 논하여 혹 가혹하게 벌주려 하여도 임금은 반드시 유난하게 반복해서 신문하게 하여 죄를 공평히 하였으며, 임금의 뜻으로 죽인 자가 없었는데, 이번에는 대간도 조광조를 더 죄주자는 청을 하지 않았는데도 문득 이런 분부를 하였으니, 당시 사람들 의논의 실재가 무엇인지를 짐작해서 이렇게 분부하게 된 것이 아니겠는가?

전날 좌우에서 가까이 모시고 하루에 세 번씩 뵈었으니 정이 부자처럼 아주 가까울 터인데, 하루아침에 변이 일어나자 용서 없이 엄하게 다스렸고, 이제 죽인 것도 임금의 결단에서 나왔다. 조금도 가엾고 불쌍히 여기는 마음이 없으니, 전일 도타이 사랑하던 일에 비하면 마치 두 임금에게서 나온 일 같다."

_《중종실록》1519년(중종 14) 음력 12월 16일 자 두 번째 기사 중에서

가짜 뉴스는 시대와 문화를 막론하고 인간이 사는 곳이라면 늘 존재했다.

우리 역사에서 가짜 뉴스 최대 피해자는 조선 중기, 개혁가로 유명한 조광조다.

연산군을 몰아내고 반정으로 왕이 된 중종은 우유부단하고 변덕도 심한 '피곤한 상사' 스타일이었는데

경들 뜻대로 하시오~

백성을 위하는 일에는 발 벗고 나서는 좋은 면도 있었다.

어린애에게 몹쓸 짓을 한 놈은 내가 요절을 내주마!

말리지 마라!

전하~ 웃통 밑고 체통을

공신 세력이 날로 커지자, 중종은 이를 견제하기 위해

이것들이

나를 비지사장 취급을 하는군…

무오사화(1498)와 갑자사화(1504), 두 번의 연이은 사화로 중앙 정계에서 씨가 마른 사림을 중용했다.

훈구…아니 연산군 때문에 고생 많았소

자나 한 잔 합시다.

사림 세력의 신망을 받던 조광조는 중종의 총애를 받으면서 개혁을 밀어붙였다.

사림의 아이콘~

하지만 중종은 훈구 세력과 크게 대립하며 급진적인 개혁을 추진하는 조광조가 점점 부담스러워졌고 두려움마저 들었다.

조광조 때문에 피로 물질이 쌓이고 있어…

내 치통도 심해지고…

내 목질 무서운 놈은 아닐까?

*소격서 철폐 문제로 군왕까지 대놓고 무시한다는 생각에 마음도 멀어졌다.

*도교의 일월성신에게 지내는 제사를 관장하던 곳

중종반정의 논공행상은 문제가 매우 심각했다.

연산군 때의 권신이 거사 당일 소식을 듣고 나타나 공신이 되기도 하고, 반정과 무관한 자도 숟가락을 올렸다.

이러한 가짜 공신을 선별해서 위훈을 삭제하는 정국공신 개정 문제로

조광조와 사림은 훈구 세력과 크게 충돌했다.

훈구 세력은 조광조가 왕이 되려 한다는 참언(讖言)인 가짜 뉴스를 퍼뜨리고

103

궁궐에서 벌레가 나뭇잎을 갉아 먹어 '주초위왕(走肖爲王)'
이라는 글자를 새겼다는 공작도 펼쳤다.

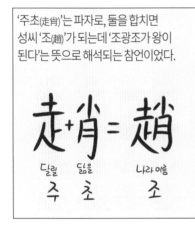

'주초(走肖)'는 파자로, 둘을 합치면
성씨 '조(趙)'가 되는데 '조광조가 왕이
된다'는 뜻으로 해석되는 참언이었다.

정국공신 개정 선포 4일 후, 조광조는
기습적으로 체포되어

다음 날 유배형이 내려졌고
한 달 후 사사됐다.

기묘사화(1519)로 사림은 다시 숙청
되었는데 그 배후에는 중종이 있었다.

교대 근무 관직
체아직

조선의 관원은 계약직 공무원이다.

나라에서 부르면 가서 정해진 근무일수(임기)동안 근무하고, 매달 일한 날에 일당을 곱한 급료를 받는다.

파직당하지 않고 순조롭게 근무일수를 다 채워야 품계가 오르는데 품계가 올랐다고 반드시 새 관직을 얻는 것은 아니었다.

재주가 뛰어나거나, 커다란 성과가 있거나, 튼튼한 연줄이라도 있다면 승승장구 매번 새로이 관직을 제수받겠지만, 그렇지 못하면 불러줄 때까지 마냥 집에서 대기해야 한다.

대과에 합격했더라도 관직을 제수받지 못해 기회조차 얻지 못한 사람이 수두룩했다.

조선에서 공무원이 된다는 건 '직업 불안정 리그'에 뛰어드는 행위였다.

1524년(중종 19) 음력 12월 15일

의녀의 급료에는 *전체아가 있고, *반체아가 있는데

*전체아(全遞兒): 급료의 전액을 받는 상시 근무 정규직
*반체아(半遞兒): 급료의 절반을 받는 비정규직

전체아에 빈자리가 나도 경들이 내게 말을 안하니까

아래 관원들이 눈치를 보고 명단조차 올리지 못하잖소~

재성을 아끼는 것도 좋지만

자리가 났으면 사람을 채워야지.

...

경들이 갈 높은 자리였다면 하루만 비워놔도

누굴 임명하라느니, 자리를 비울 수 없다느니, 생난리를 쳤을 건데 말이오.

...

황공하옵니다!

그래서 내가 직접 챙기오.

대장금이 의녀 중에 뛰어나고, 한창 궁에 들어와서 대비마마의 간병을 하니

이 전체아를 대장금에게 주라!

그날 중종의 명으로 9년 넘게 비정규직 의녀였던 대장금은 정규직이 되었다.

아름다운 날이예요~

조선에서 녹봉을 받는 관직에는
'체아직(遞兒職)'이 있는데

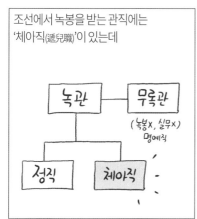

체아직은 임기가 끝난 고위 관원에게 줄
적당한 자리가 없을 때 임시로 주는
벼슬을 일컫기도 하고,

이거라도 쓰시오.

일이 많을 때 다른 관아에서 와서 돕는
정원 외의 파견직을 일컫기도 하고,

파견 왔소!

철야작업

하나의 관직에 여러 사람이 교대로
근무하는 관직을 일컫기도 하는데,
체아직의 상당수는 이 경우다.

이번 달은
내가 앉을
차례요.

벌써?

문관인 동반의 경우 전체 관직의
6%가 체아직이지만,

무관인 서반은 80%가 체아직이다.

전시와 평시가 다른
무관의 숙명이다.

이해해

녹봉 없이 관직만 준다 해도 남대문에서 마포까지 검은 갓이 줄을 설 만큼

관직의 수에 비해 관직을 얻으려는 사람은 넘쳐났기 때문에

교대 근무는 지배층의 욕구를 어느 정도 충족하는 해법이었다.

근무할 때만 녹봉을 지급하기 때문에 추가적인 재정 지출도 없었다.

양난 이후, 무과의 체아직이 급증했는데 평시와 달리 전시에는 많은 무장이 필요하다는 것을 절감했기 때문이었다.

체아직의 녹봉만으로는 생계유지가 어렵기 때문에 재력이 뒷받침되지 않으면 가기도 힘든 자리였다.

궁궐의 진짜 괴물

조선 국왕이 거처하는 처소의 경비는 친위대인 금군(禁軍, 내금위·겸사복·우림위)이 담당했고, 임진왜란 전까지 대궐 경비는 조선의 중앙군인 오위(五衛)에서 위마다 각 1부씩 궁에 들어와서 3일간 교대로 숙직하면서 지켰다. 궁에 들어온 5부의 군사들은 중소를 지휘소로 삼고 동·서·남·북의 위장소에 배치되었다.

소동이 있던 그날, 경복궁 서쪽 경비를 담당하는 서소위에는 충찬위 군사들이 들어와 있었다.
충찬위는 오위 중 하나인 충좌위의 예하 부대지만, 충좌위의 명령을 받지 않는 특수부대였다. 무용이 뛰어나서 특수부대인 것이 아니다. 원종공신의 장남들로 구성된 특권층의 특수부대였다.

군역을 지기 위해 들어왔을 뿐, 충찬위 군사 대부분이 무예와는 담을 쌓은 자들이었다.

1527년(중종 22) 음력 6월 17일 새벽, 충찬위 숙소에서 자던 한 군사가 가위에 눌려 기절하는 소동이 있었다.

음...

이보게, 정신이 드는가?

잠에선 깬 동료들이 기절한 군사를 살피면서 웅성거리고 있을 때

헉!!

취타수의 방에서 시커먼 괴수 한 마리가
나왔다.

괴수는 군사들을 보자마자 달아났는데
충찬위청 모퉁이를 돌아 큰 소리를 내며
서소위장소를 향해 달려갔다.

경비를 서던 서소위 군사들도 괴수를 보고
혼비백산하여 놀라서 고함을 질렀다.

당직이던 서소위 부장이 괴수가 나온
취타수의 방을 살펴보니 방에는 비린내가
풍기고 있었다.

나라를 뒤흔든 중종 22년의 '물괴 소동'은
그렇게 시작되었다.

아침에 승정원의 보고를 받은 중종의
마음은 착잡했다.

그해 조선은 이상기후와 잇따른 악재로 몸살을 앓고 있었다.

지난 해에는 최악의 흉년을 겪었고 봄에는 극심한 가뭄으로 고통받았다.

초여름까지 전국에 우박이 내리고 지진이 발생했다. 여러 지방에는 전염병까지 창궐했다.

흉흉한 소문이 궁밖으로 나가지 않도록 해야 하네.

이미 끝났네.

번을 섰던 충찬위 군사들이 이미 교대하고 나갔다네.

괴수에 관한 소문은 삽시간에 도성 안에 퍼졌다.

궁에 물괴가 나타났다고?!

우리 도련님이 직접 봤다니까

어허, 어리석은 것들 그런 헛소문에 현혹되면 안되느니라.

궁에 물괴라니…

*왕이 거처를 옮기는 일

괴수가 출몰한 지 나흘 후, 중종은 창덕궁으로 거처를 옮기겠다는 뜻을 밝혔다.

중종의 모친인 자순대비가 세자를 보호하기 위해 창덕궁으로 이사가겠다고 고집을 부리는데

매일 아침 문안 인사를 드려야 하는 자신도 따라갈 수밖에 없다는 논리였다.

홍문관, 사간원 등이 중종의 이어를 반대하며 들고 일어났다.

하지만 중종의 뜻은 완강했고, 결국 사건 발생 9일 만에 왕실은 창덕궁으로 이어했다.

도성 안 백성은 괴수가 나타나 공격할지 모른다는 공포에 떨어야 했다.

남산에서 물괴를 봤대.

어제 금군 병사도 물괴를 봤다더라.

어이구, 무서워라…

처음 물괴를 봤다고 헛소리를 해서 소동을 일으킨 자들을 문책해야 합니다.

실제 봤다잖소. 한둘이 아니던데

사실이더라도 이 소동을 잠재우려면 유언비어로 몰아가는 수밖에요.

…

내 말이

군사들의 군기가 빠졌다는 이유로 서소위 부장이 파직됐고, 다른 위장소 장교들도 하옥됐다.

…

최초 보고를 문서로 기록한 병조의 관리들도 하옥됐고, 그날 당직 낭청은 외부에 이를 발설한 죄로 추문을 당했다.

구두보고 안 하고 서면보고 했다고 처벌 주다니…

재수가 없었던 거야.

병조·사헌부·오위도총부에 이르기까지 지휘 책임을 물어 줄줄이 추문을 당하고 옷을 벗을 상황이었는데

파직 하시옵소서!!

…

일련의 소동에 일말의 책임이 있었던 중종은 미안했는지 사안의 경중을 따져서 나름 신중하게 일을 처리했다.

괴소문에 현혹되지 말라는 대국민담화문을 전국에 내리면서 중종 22년의 물괴 소동은 어느 정도 일단락되어 갔다.

창경궁으로 이사 갔던 왕실은 3년 후, 경복궁으로 돌아왔다.

경복궁이 괴수로부터 안전해졌다고 생각해서 돌아온 것은 아니었다.

돌아온 이유도 물괴 때문이었다.

"대비전이 경복궁으로 이어하였다. 대전(大殿)·중궁전(中宮殿)·
세자빈(世子嬪)이 이때 함께 이어하였고 세자가 제일 나중에 이어하였다.
대비가 거처하는 침전에는 대낮에 괴물이 창벽(窓壁)을 마구
두드리는가 하면 요사한 물건으로 희롱하기도 했다. 상(上)이 곁에 모시고
있지 않을 때는 못하는 짓이 없이 마구 난타했으므로 이어한 것이다."
_《중종실록》 1530년(중종 25) 음력 7월 16일 기사

그저 덩치 큰 삽살개 한 마리였을지도 모를 괴수 소동으로 온 나라가 떠들썩하고

왕실이 먼저 경거망동해서 이사까지 가는 모습이 우스꽝스럽게 보이지만,

당시의 시대 상황을 알고 보면 사실 꽤 흥미로운 소동이다.

일단 조선 왕실은 경복궁을 참 싫어했다.

임진왜란 때 불탄 경복궁의 중건을 미적거린 것도 단순히 돈이나 민심 때문만은 아니었다.

경복궁은 풍수지리적으로도 약간 타협을 해서 결정한 곳으로 썩 좋은 곳이 아닌데

한 나라의 궁궐이 정남향도 못 맞춘 것처럼 약간 남서쪽으로 삐뚤하게 지어진 이유가

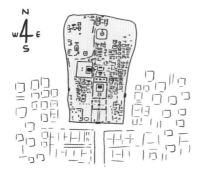

남쪽 관악산의 화기를 정통으로 맞는 것을 피하기 위해서였다.

관악산 화기를 막기 위해서 광화문에 해태를 세웠습니다.

...

괴수 소동이 벌어진 당시는 '여인천하' 같은 궁중 암투를 그린 사극에서 단골로 소환되는 시기다.

세자를 중심으로 하는 윤임과 김안로의 세력,

중종의 총애를 받던 경빈 박씨와 복성군을 중심으로 남곤·심정 등의 권신이 연합한 세력,

아들을 낳지 못해 수모를 당하면서 동생인 윤원로·윤원형 윤원형의 첩 정난정과 함께 세력을 키우던 문정왕후 등

세 그룹 간의 치열한 각축전이 전개되며 궁중 암투가 진행되고 있었다.

괴수 소동이 있던 그해 2월 세자의 생일 다음 날, 동궁에 해괴망측한 사건이 벌어졌다.

다리와 꼬리가 잘리고 입과 귀, 눈을 불에 지진 쥐 한 마리와 준치의 머리,

그리고 물푸레나무 조각에 먹으로 쓴 주술적인 글인 방서(方書)가 걸려 있었다.

복성군을 보위에 올리기 위해 온갖 계략을 일삼던 경빈 박씨에게 의심의 눈초리가 쏠렸다.

설상가상으로 경빈 박씨의 딸 혜순옹주의 여종들이

경빈 박씨를 모함한 자들의 인형을 만들어 참형에 처하는 일이 있었다는 의혹까지 더해지면서

결국 복성군과 경빈 박씨는 폐서인 되었는데 그게 괴수 소동이 벌어지기 딱 석 달 전의 일이다.

괴수 소동 후, 중종은 세자를 보호하기 위해 유배중이던 외척 김안로를 다시 조정에 불러들였다.

김안로는 조선 초 최강의 권신으로, 복성군과 경빈 박씨를 제거한 '작서의 변' 도 사실은 그의 '공작'이었다.

괴수 소동은 결국 또 다른 괴물을 조정에 불러들인 결과를 낳았다.

118

대학자는 로맨티시스트

삼강오륜의 오륜 중 하나인 '부부유별(夫婦有別)'은 통상적으로 '부부 사이에 분별이 있어야 한다.' 즉, 남편이 하는 일이 따로 있고, 아내가 하는 일이 따로 있으니 서로 침범하지 말아야 한다는 뜻이라고 해석된다.

언뜻 고리타분하여 현대인들이 공감하기는 힘들어 보이는 이 덕목은 유학을 공부하는 조선 선비들에게도 마찬가지였나 보다. 부부유별에 의문을 품었던 학자들이 많았다.

'부부가 안채와 사랑채에 각방을 쓰며 별거를 하는 게 윤리와 무슨 상관이냐?',
'가난하면 덮을 이불이 하나뿐인데 부부유별이 가당키나 한가?'

조선 중기 이후, 남당 한원진, 다산 정약용 등 일부 유학자들은 전혀 다른 해석을 내놓기도 했다. 부부유별이란 '배우자와 다른 남녀를 구별하라'는 것으로 맹자의 말씀은 한마디로 '불륜을 저지르지 마라'는 뜻이라는 거다.

정약용은 사대부들이 지방에 수령으로 부임할 때 기생을 데려가면서 부부유별을 운운한다고 조롱하기도 했다.

조선의 유교는 부부간의 관계를 매우 중요시했는데

세상의 절중에 제일 중요한 절이 부부의 맞절이니라.

학봉 김성일

학식 높은 대학자들은 부부관계에 있어서 좋은 일화를 많이 남겼다.

남 앞에서 아내 험담하지 마라.

없어 보인다.

네, 스승님.

그들은 늘 부인에게 높임말을 쓰면서 공경하고

부부가 서로 시를 지어 주고받기도 했다.

1년에 반드시 3번은 부부 간 맞절하는 풍습이 있었는데

우암 송시열은 밖에 나갔다가 집에 돌아올 때면 늘 부인과 맞절을 했다.

애처가로 유명한 퇴계 이황은 첫 부인과 사별하고 두 번째 부인을 맞이했는데 그녀는 지적장애가 있었다.

하루는 아내가 다림질을 잘못해서 두루마기를 태우고 하얀 천이 아닌 붉은 천을 덧대어 주었는데

그는 아무렇지 않은 듯 태연하게 그 옷을 입고 나갔다.

지인이 그것을 보고 놀리자 퇴계는 능청스럽게 답했다.

아내가 세상을 뜨자 그는 전처 소생의 두 아들에게 3년간 시묘살이를 시켰고

자신도 아내의 묘 옆에 양진암을 지어 머물면서 그녀의 넋을 위로했다.

대문호이자 실학자인 연암 박지원은 50세가 되어서야 벼슬길에 나갔는데

벼슬길에 나간 지 반년도 안 되어 아내가 세상을 떠났다.

어려운 시절 고생만 하고 떠난 아내에게
의리를 지키겠다며 그는 재가하지 않고
홀로 살았다.

그는 죽은 아내가 생각날 때마다 시를
쓴 로맨티시스트였다.

자신보다 학식이 뛰어난 부인을 스승으로
섬긴 보기 드문 선비도 있었는데

여성 성리학자 강정일당의 남편
윤광연이다.

정일당이 세상을 뜨자 그는 아내의
글을 모아《정일당유고》라는 문집을
만들어 세상에 알렸는데

문집을 빛내기 위해 이름난 문사를
찾아다니며 서문과 발문을 써달라는
부탁을 하러 다니기도 했다.

도성의 비상소집령

조선에서 군대에 가면 숙식은 알아서 해결해야 했다. 그래서 돈이 들고, 보인을 붙여준 것이다. 병영이나 진관 주변은 민박이 성행해서 두세 달 복무기간 동안 민박을 잡아서 숙식을 해결한다. 아침에 부대로 출근하고 저녁에 민박집으로 퇴근하는데 교대로 근무조가 되어 경계를 설 때만 부대 안에서 숙식을 해결했다.

지방에서 한양으로 올라온 번상병의 사정도 다르지 않는데, 도성은 물가도 비싸고 화려한 밤 문화가 있다 보니 돈이 많이 들었다. 한 번상병이 굶어 죽은 사건 이후, 나라에서는 부대 안에 무료로 잘 수 있는 숙소를 마련하기도 했다.

하지만 이 숙소를 이용하는 병사들은 거의 없었고 일과시간이 끝나면 다들 시끌벅적한 시내로 놀러 나갔다.

'계엄'은 국가 비상사태가 일어났을 때, 전국 또는 일부 지역을 병력으로 경계하며,

그 지역의 사법권과 행정권의 전부 또는 일부를 계엄사령관이 행사하는 것을 말한다.

'엄중하게 경계하다'라는 뜻의 계엄(戒嚴)은 고려와 조선에서도 쓰던 표현이다.

다만 전근대의 계엄령은 궁궐이나 도성의 경계를 강화하는 명령으로 오늘날 계엄령과는 다르다.

1469년 한양 남부

들어오기만 해봐!

씩! 씩!

아빠 어제 안 들어왔어.

댕~ 댕~ 댕~

종 소리네?

?

이거 첩종 소리 아냐?

큰일 났네! 딸래 아빠도 없는데

조선 시대 도성의 군사와 관료를 소집하는 비상소집령은 첩고(疊鼓)·첩종(疊鐘)·취각령(吹角令)이 있었다.

첩고

첩종

취각령

124

'첩고'는 대궐에 설치한 북을 연달아 치는 것을 신호로

문을 지키는 군사를 제외한 궐내에 있는 모든 입직 군사와 관원들을 정전 앞에 소집하고 사열하는 일이다.

'첩종'은 대궐에 설치한 종을 연달아 치는 것을 신호로

궐내 입직 군사를 포함해 성 안팎의 모든 중앙군과 문무 관료를 광화문 앞에 집결시켜 사열했다.

'취각령'은 도성 안팎의 70세 이하 남자를 모두 소집하는 최고 단계의 소집령으로 궐내의 *취라치가 나각(소라)을 불면,

*나각을 부는 병사

궐 밖 병조의 군사들이 흩어져서 성벽 등 높은 곳에서 나발을 불어서 알렸다.

첩종 소리가 들리면 도성 안 정병들은 갑옷과 투구를 착용하고 무기를 들고 광화문 앞 집결지로 모였다.

술을 너무 많이 마셨어!

인원 점고 늦겠다

《예종실록》1469년(예종 1) 음력 6월 2일 자 기사에 첩종의 풍경이 잘 묘사되어 있는데

앗! 내 군복이 어디 갔지?

집결해야 할 장정이 부재중이어서 가족이 알바를 구해서 대신 보내기도 하고

투구 끼라지 봐라~

깡! 깡!

ㅋㅋ ㅋㅋ

부인이 휴대용 놋쇠 솥인 '노구'를 투구 대용으로 뒤집어쓰고 남편 대신 나온 일도 있었다.

나리, 한 번만 봐주십시오.

남편 대신 나왔소?

달래엄마, 내 군복 입고 가면 어떡해?!

하하하!!

으이구~

군복색 맞춘다고 마누라 저고리 입고 나왔네!

ㅋㅋ

세계 최초의 활판 인쇄 민간 유료 일간 신문

전라 좌수사가 임금에게 장계를 올릴 때는 전라 감사와 병사, 전라 우수사, 경상 우수사 등 주변 장관에게도 사본을 보낸다. 주변 장관들과 정보를 공유해서 업무의 효율을 높이기 위한 것인데 교차 검증이 가능하기 때문에 보고의 진실성이 높아진다.

신문과 같은 보도 매체가 없던 시절, 한양에서 멀리 떨어진 지방 양반들도 나라가 돌아가는 저간의 사정을 훤하게 아는 방법이 있었는데 그것은 고을 사또에게 오가는 공문을 열람하는 것이었다.

특별히 보안을 필요로 하는 문서가 아닌 이상 양반이 향청에 나가서 공문을 회람하는 것은 어려운 일이 아니었다. 국가 차원에서도 정확한 정보 전달을 위한 행위라고 여겼는지 제약하지 않았는데, 심지어 관찰사가 평가한 현 고을 사또의 근무성적까지도 볼 수 있었다. 널리 알려야 할 필요성이 있는 공문은 사또가 관아 앞 게시판에 필사해서 붙여놓기도 했다.

산속의 절에서 공부하는 유생들도 공문을 회람할 수 있었는데 승려들이 읍내에 가서 공문서를 베껴오는 서비스를 해주었기 때문이다.

조선 시대에도 보도 매체가 있었을까?

방송은 당연히 없었고…

신문은 한성순보가 최초일 텐데

漢城旬報

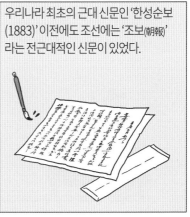

우리나라 최초의 근대 신문인 '한성순보(1883)' 이전에도 조선에는 '조보(朝報)'라는 전근대적인 신문이 있었다.

조보는 조정에서 결정한 사항과 여러 소식을 각 관청에 통지하는 관보로

기별지, 조지, 저보, 저장, 난보, 한경보 등으로도 불렸는데 조정에선 조보, 민간에선 보통 '기별지'라고 불렀다.

아침에 승정원이 기별청 벽에 조보를 붙이면 각 관청에서 나온 기별서리와 지방 관아의 *경저리가 필사했고

*서울에 살면서 지방 관아의 연락사무소 역할을 하는 서리나 향리

기별군사가 각 관청에 배달했다.

매일 아침 각 관청 수장의 책상에는 오늘날 신문처럼 따끈따끈한 조보가 놓였는데

관청의 수장들은 조보 값을 나누어 냈고 이 돈으로 기별서리와 기별군사의 급료를 주었다.

민간의 사대부들도 오늘날 증권가 찌라시처럼 알음알이로 조보를 구해서 읽었는데

초서체에 기반한 '기별체'라는 독특한 속기로 쓰였기 때문에 익숙하지 않으면 읽기가 매우 불편했다.

1577년(선조 10) 도성의 벼슬 없는 식자층 무리가 조보를 활자로 인쇄해서 판매할 사업계획을 세웠다.

*인쇄하여 펴냄

그들은 연명으로 발행 허가를 구하는 청원서를 의정부에 올렸고 의정부는 사헌부와 논의 끝에 발행을 허가했다.

타블로이드판 크기의 인쇄 조보가 발행되자 정보에 목마른 도성 안 사대부들이 앞다투어 구독했다.

129

하지만 이 인쇄 조보의 발행에는 치명적인 문제가 있었는데, 이 사실을 임금에게는 보고조차 하지 않았다는 것이다.

우연히 선조에게 발각되어 활자는 몰수됐고 관련 민간인 30여 명이 의금부에 끌려가서 극심한 문초를 겪었다.

고문 중 사망자가 속출했고 의정부와 사헌부가 자백했지만, 격노한 선조는 대역무도의 죄로 다스리려 했는데

심문을 하던 의금부가 사형은 과하다며 도리어 임금을 말리는 통에 전원 유배형에 처하고 사건은 마무리됐다.

세계 최초의 '활판 인쇄 민간 유료 일간 신문'은 결국 발행 3개월 만에 대형 옥사를 치르고 폐간됐다.

실물 없이 문헌상으로만 전해지던 인쇄 조보는 2017년 4월에 처음 발굴되어 영천역사문화박물관에 소장되어 있다.

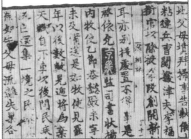

신궁의 나라

군사 자영업자인 일본 사무라이들은 참전을 증명하고 전공과 피해를 보고하는 문서인 '군충장(軍忠狀)'을 영주에게 제출하고 적절한 포상이나 보상을 요구했다. 일본 방위청(현 방위성) 공무원 출신의 역사학자 스즈키 마사야(鈴木眞哉)는 사무라이 문화의 허상을 깨는 실증적인 연구를 많이 했는데, 군충장 연구에 있어서 그는 독보적인 인물이다. 스즈키는 유물로 전하는 군충장을 분석해서 실제 전투에서 어떤 무기에 의해 사상자가 발생하는지에 관한 통계를 냈다.

남북조시대(1333~1457년 작성된 군충장)에는 사상자의 86.6%가 화살에 맞아 죽거나 다쳤고, 전국시대(1467~1637년 작성된 군충장) 무기별 사상자 비율은 활 41.3%, 총포류 19.6%, 창 17.9% 순으로 많았다.
칼에 의한 사상자는 돌에 맞은 사상자보다도 적었다.

일본도와 사무라이 문화를 추종하는 사람들 민망하게도 실전에서 가장 위력적인 무기는 '활'이었다.

특히, 말을 타고 기동력을 확보하면서 사거리가 긴 강력한 활까지 쏘는 경기병(輕騎兵)은

총포류가 발전을 거듭하기 전까지 컴퓨터 게임 세계에서 흔히 말하는 '사기 캐릭터' 같은 존재였다.

한반도에서 농사짓고 살던 선조들도 몽골 등 유목민족과 교전한 경험을 토대로 활을 매우 중시했다.

조선은 주변 유목민족보다 더 강한 활을 개발해서 보유할 정도로 활에 있어서는 최고 수준의 나라였다.

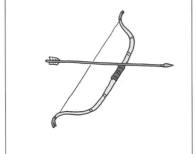

활의 탄성을 높이기 위해서는 탄성이 강한 재료를 쓰거나 활의 몸체가 궁수의 키만큼 길어야 한다.

우리나라를 비롯해 유목민족은 물소뿔과 같이 탄성이 강한 재료를 나무에 덧댄 '각궁'이라는 합성궁을 사용했다.

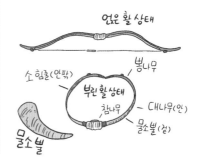

각궁은 활의 몸체가 짧은 단궁이라 휴대가 간편하고 말 위에서도 쏠 수 있는 장점이 있었다.

반면 일본은 습한 기후 탓에 각궁과 같은 합성궁보다는 활의 길이가 사수의 키만한 장궁을 주로 사용했다.

흑각궁 제작에 사용하는 물소뿔은 인도나 동남아에서 전량 수입해야 하는, 조선으로는 매우 중요한 전략 자원이었다.

물소뿔 확보는 늘 중요한 문제였고, 흑각궁을 필요한 만큼 제조할 수 없는 한계도 있었다.

중세 유럽에서 위력을 떨친 영국 롱보우의 유효 사거리가 100m 정도인데 조선의 각궁은 150m 정도였다.

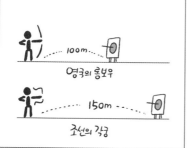

양궁은 검지와 중지를 이용해 쏘기 때문에 신체 구조상 귀까지 줄을 당길 수 있지만,

조선의 활 쏘임새는 엄지를 이용해서 쓰기 때문에 귀를 넘어서 줄을 당길 수 있어서 더 많은 탄성 범위를 확보할 수 있다.

사극이나 게임에서 궁수는 보통 나약한 존재이고, 활은 여성향 캐릭터의 전유물인데

사실 시위를 당길 때마다 엄청난 장력이 필요하고 연속해서 쏘아야 하기 때문에 상당한 근력과 체력이 필요하다.

동·서양 할 것 없이 현실에선 상반신 근육이 발달한 힘 좋게 생긴 군사가 보통 궁수였다.

주변국이 넘볼 수 없는 조선의 비밀병기는 길이가 일반 화살의 절반 정도인 '편전(片箭)'이라는 화살이었다.

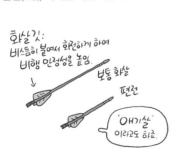

대나무의 반을 쪼갠 통아라는 기구에 짧은 화살을 넣고 쏘는 건데

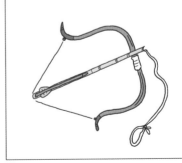

같은 장력에도 화살의 길이가 짧은 만큼 가볍기 때문에 사거리를 늘릴 수 있었다.

조선군이 이 먼곳까지 화살을 날렸어. 반칙이야!

화살 주워도 재활용 할수가 없겠군…

사기장, 석장, 목장 등 조선에서 물건을 만드는 장인은 대부분 장(匠)으로 칭하지만,

할아버지는 목수 장이야.

…

병명이 깎는 노인…

활과 화살을 만드는 장인은 '궁인(弓人)', '시인(矢人)'이라 하여 특별히 예우했다.

무과 시험 11과목 중 다양한 활쏘기만 무려 6과목이라서 무관에게 활쏘기는 기본 중에 기본이었고

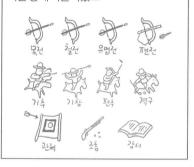

목전　철전　유엽전　편전

기추　기창　편추　격구

관혁　조총　강서

무예와는 담 쌓을 것 같은 임금부터 사대부 선비들도 심신수련의 소양이라 하여 활쏘기를 익혔다.

글공부만 하던 백면서생이 전란이 터지자 바로 의병으로 활동할 수 있었던 것도 궁술이 가능했기 때문이다.

변방 지역에선 여자들도 말 타고
활 쏘는 게 흔한 일이었고

개화기 이후에는 양반 부녀자들 사이에서
궁술이 사교모임이 되기도 했다.

다만 제대로 쏘기 위해서는 상당한 수련이
필요하다는 단점이 있었다.

한양 여러 곳에 활터를 마련해서
국가 차원에서 활쏘기를 장려했다.

조선에서 활쏘기는 만백성 레포츠나 다름없었다.

이순신의 로또 장가

이순신 장군은 1576년(선조 9) 2월 식년무과(式年武科)에 급제했다.
전체 급제자 29명 중 12등인 '병과 4등'이었다.
3단계 시험 중 마지막 등위 결정 시험인 전시(殿試) 과목은 말을 타고 하는 하키인 폴로(polo)와 유사한 '격구(擊毬)'였다.
기병의 훈련종목이자 스포츠인 격구는 말, 경기장, 함께 게임할 선수가 필요해서 독학으로 무과를 준비하는 사람에게 가장 버거운 과목이었으며, 따라서 현역 군인이 절대적으로 유리했다.
실제로 그 무과 급제자 29명 중 25명이 내금위·갑사 등 현역 군인이었다.

그 무과에서
1등을 한 사람은 임진왜란 때 아무런 활약이 없었다.
2등을 한 사람은 이순신 장군 휘하에서 잠시 조방장을 했다.
3등을 한 사람도 임진왜란 때 아무런 활약이 없었다.
4등을 한 사람은 임진왜란 때 근무지를 무단 이탈하고 도주했다.

이백록, 방국형, 이준경은 1522년(중종 17) 임오년 생원시에 입격한 *동방(同榜)이었다.

*과거 입격·급제 동기생

*평시서(平市署) 봉사를 끝으로 고위직에는 오르지 못한 이백록은 이순신 장군의 할아버지다.

뭐?!
내 손자가
나라를 구한다고?

*도량형, 시장, 유통, 물가 조절 등을 관장한 관청

영동 현감을 지낸 방국형은 이순신 장군의
부인 방수진(方守震)의 할아버지다.

만인지상 영의정까지 오른 이준경은 신랑
이순신과 신부 방수진을 중매한 사람이다.

이준경은 훈구파에서 사림파로 정치
권력이 옮겨가는 과도기에 사림정치를
정착시키는 데 큰 역할을 한 인물이다.

그가 1555년(명종 10) 을묘왜변 때, 전라도
*도순찰사로 왜구를 소탕한 공으로
우찬성 겸 병조판서로 있을 때였다.

*변란시 민·관·군을 지휘하는 재상(宰相).
체찰사 다음, 순찰사 위인 정2품 벼슬

이준경은 을묘왜변 당시 자신의 휘하에
있었던 방국형의 아들, 전 보성군수
방진(方震)을 불렀다.

방진에게 이준경은 상관이기 전에
부친의 친구였다.

이준경의 중매로 이순신과 방수진은 백년가약을 맺었다. 이순신의 나이 21세였다.

※ 그해 이준경은 영의정이 되었다.

이순신은 처가살이를 했다. 그렇다고 '형편이 어려웠다'라고 생각하면 오해다.

조선 초·중기 때는 결혼해서 자식 낳을 때까지는 처가에서 살다가 자식이 크면 본가로 가는 게 관례였다.

'남귀여가(男歸女家)'라는 데릴사위 풍습 인데, 그 한시적 데릴사위를 '솔서(率壻)' 라고 한다.

딸만 있는 집은 아예 사위가 아들 노릇하며 처가에서 평생 살며 처가의 재산과 제사도 물려받았다.

방수진은 무남독녀 외동딸이라서
이순신은 후자에 해당한다.

나는 셋째
아들이오.

장남은 이런
장가 가고 싶어도
못간다오~

이순신의 할아버지가 기묘사화에 연루
되는 바람에 역적의 손자로 가난하게
살았다는 건 소설 속 이야기다.

기묘사화 후에도
나는 여전히
살아있다고~

역적
이라니.

방진은 온양의 대부호였기 때문에
이순신은 속된 말로 로또 맞으면서
장가 간 케이스였다.

대부호의
상속자

그런데 이순신에게 진짜 로또는
따로 있었다.

나는 재물에는
관심이 없소.

...

...

장인 방진은 조선에서 명사수로 이름을
날리던 '신궁(神弓)'이었다.

사위, 활을 한번
쏴 보겠나?

자네는 학문도 뛰어나지만, 체격도 좋고
리더십이 있네. 무과로 전향할
생각은 없는가?

...

140

신궁의 특별과외와 온양 땅 절반이 장인의 땅인 경제력,

말 빌리는 세가 많이 올랐어…

무과는 경제력이 어느 정도 뒷받침 되어야 한다.

그리고 병조판서와 영의정을 역임한 사림파의 거목인 중매쟁이까지,

순신이 그놈 잘 살고 있겠지?

조선에서 장수가 되기에는 그만한 꽃길도 없었다.

···

이순신 장군의 초반 관운은 그다지 좋지 않았습니다. 워낙 강직한 탓이죠.

전략적 사고와 판단으로는 한국사에서 넘사벽 인물인 이순신은 별로 고민 안 하고 대답했을 것 같다.

활이 적성에 맞을듯 합니다.

문과에서 무과로 전향한 이순신은 장인의 감독과 부인의 코치로 무예를 익혔고, 10년 후 무과에 급제했다.

···

오흡을 멈추시고-

문무를 겸비한 조선 최고의 전략가는 그렇게 만들어졌다.

중과부적 상황에서 장렬하게 전사하는 것은 차라리 쉽다.

하지만 나는 이길 것이다.

의병진 군공책

이황과 기대승이 '이(理)'와 '기(氣)'라는 성리학의 근본 개념을 놓고 편지를 주고받으며 '사단칠정(四端七情)' 논쟁을 벌였다. 이 논쟁을 지켜보던 남명 조식(曺植)은 이황에게 '물을 뿌리고 빗자루질하는 절차도 모르면서 하늘의 진리를 담론한다'라며 독설을 날렸다.

조식은 현실과 실천을 중요시하며 비판 정신이 투철한 학풍을 수립하여 경상우도를 대표하는 남명학파를 이룬 학자다. 10여 차례 이상 임금의 부름에도 관직에 나가지 않고 산림처사로 지내면서 학문을 연구하고 많은 제자를 길러냈다. 자신의 인내력을 시험하기 위해 양손에 물그릇을 들고 밤을 지새기도 하고, 나태하고 교만해지는 것을 경계하기 위해 늘 칼과 방울을 차고 다녔다.

유학자들이 이단으로 취급하는 도교와 노장 사상도 받아들일 점이 있다고 본, 조선에서 몇 안 되는 학자이며 다양한 실용 학문을 수용했다.

남명학파의 상징적인 키워드는 '실천'인데, 임진왜란 때 경상우도에서 활약한 곽재우, 정인홍, 김면, 정구를 비롯한 대부분의 의병장이 남명학파로 조식의 제자들이었다.

임진왜란 개전 초기,

왜군은 유격전(게릴라전)을 펼치면서 보급로를 차단하는 의병의 존재에 몹시 당황했다.

그들에게 백성이란 오랜 내전으로 인해 누가 영주가 되든 상관없이 조용히 농사만 짓는 존재였기 때문에

나라를 구한다며 스스로 무기를 만들어서 싸우는 의병은 그들의 상식에는 존재하지 않는 부류의 사람들이었다.

월곡 우배선은 당시 성주목 화원(지금의 대구 달성군 화원읍) 사람으로 대구·성주에서 활약한 의병장인데

100여 명 남짓의 소규모 부대를 이끈 의병장이어서 오늘날 널리 알려진 인물은 아니다.

그러나 그는 창의 과정, 작전 내용, 대원의 명단과 개인별 전공까지 매우 상세히 기록한 '의병진 군공책'을 남겼다.

※ 화원 우배선 의병진 군공책 및 관련 자료 (보물 제1334호)

임진왜란이 발발하자 24살의 백면서생 우배선은 책을 내려놓고 가산을 털어서

나라가 풍전등화인데

과거 준비는 해서 무엇하리오.

우배선은 어려서 부모를 잃고 할머니 손에서 자랐다.

활 만드는 궁인, 화살 만드는 시인, 쇠를 다루는 철야장 등 무기 제조에 필요한 장인들을 끌어모았다.

품삯은 넉넉히 주겠소.

저 자식 굶어죽지 않게만 해주시면 됩니다.

비슬산(대구 달성군 유가읍)에 막사를 세워 무기를 제조하고 군량을 확보하면서 피난민을 중심으로 의병을 모집했다.

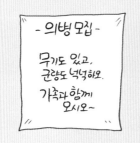

- 의병 모집 -

무기도 있고, 군량도 넉넉하오. 가족과 함께 오시오~

의병대는 비록 100여 명에 불과했지만, 유격 전술로 그 7배에 이르는 714명의 왜적을 죽이는 전과를 올렸다.

원 샷, 원 킬!

※ 사살 604명, 척살 110명

군공책은 1592년 음력 10월부터 이듬해 5월 우배선이 공을 인정받아 합천군수로 임명되어 떠나는 날까지의 기록인데

...

저희도 데려가 주십시오.

의병장을 포함해 군공이 기록된 89명의 명단을 살펴보면 정군(육군), 수군 등 양인 정병이 압도적으로 많았고

별시위: 11명 (양반 자제)

정군: 34명

수군: 21명

증군: 1명 (무관)

144

향리, 보인, 노비에 이르기까지 의병의 신분은 다양했다.

언제 무엇을 했는지 부대의 행적과 전투 내용을 자세히 기록했는데

단순히 '싸웠다' 수준이 아닌 기습·추격·야작·미격·요격 등 전투의 성격까지도 명확하게 알 수 있을 정도다.

'누가, 언제, 어디서, 무엇을, 어떻게 했다'라는 의병 개인의 군공까지도 깨알같이 기록했는데

가장 많은 군공을 세운 사람은 51명의 왜적을 죽인 수군 장몽기였다.

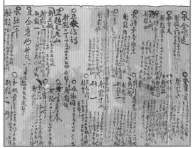

우배선이 남긴 '의병진 군공책'은 임진왜란 의병사 연구에 있어서 전무후무한 매우 귀중한 자료다.

조선에 귀순한 왜인
항왜

여여문(呂汝文)은 임진왜란 중 조선에 투항한 왜군 장수로 일본 이름은 야에몬(要汝文, 요여문)이다. 검술이 뛰어나 선조의 각별한 신임을 받았다.

그는 훈련도감 소속의 미성년자 부대인 아동포살수대(兒童砲殺手隊)를 훈련하는 교관으로 활동했고, 진법에도 능해 일본군 진법을 조선에 알려주기도 했다. 조선 여인과 결혼해서 자식도 낳았는데 정유재란 때 왜군에 의해 처자식을 잃었다.

이후에도 그는 경주 진공 작전과 울산성 전투에서 왜군으로 변장해서 정탐 활동을 하며 맹활약했다. 그러나 울산성 전투에서 임무를 마치고 돌아오는 길에 그가 거둔 수급을 빼앗으려던 명나라 유격 장군 파새(擺賽)와 시비가 붙었다가 살해되었다. 그의 사망 소식을 들은 선조는 공을 세웠지만, 원통하게 죽어서 포상할 수가 없다며 몹시 안타까워했다.

오랜 시간 일본 역사학자들은 임진왜란이 발발하게 된 원인에 관해서 연구했다.

일본인들은 패배한 전쟁이고 도요토미 히데요시의 흑역사라서 임진왜란에 관심이 없답니다.

다양한 학설이 나왔지만, 어느 것도 명쾌하게 이유를 설명하지 못했다.

다이묘들에게 나눠줄 영지가 부족해서?

외부의 적을 만들어서… 통치를 강화?

잉여 군사력을 줄이기 위해?

도공을 비롯한 기술자들을 납치하려고?

2000년대 들면서 대다수 연구자의 의견은 하나로 모였는데, 결론은 도요토미 히데요시의 '과대망상적 똘끼'였다.

미천한 신분에서 전국을 통일하면서 얻은 자신감 때문에 병이 깊어지신 듯 합니다.

한 마디로 정신병이죠

그는 자신이 '태양의 아들이며, 대륙(중국, 인도)을 정복할 것이니 협조하라'는 오만방자한 국서를 조선에 보냈는데

내용도 황당하지만, 문장도 참으로 개판이구나.

비슷한 국서를 루손(필리핀), 시암(태국), 류큐(오키나와)는 물론 인도 서부의 포르투갈 식민지인 고아(Goa)까지 보냈다.

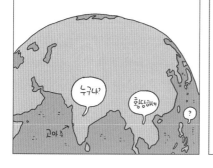

누구냐?

황당당하게

고아축

?

대부분의 일본 영주들은 명분도 없고 얻을 것도 없을 게 뻔한 조선 출병을 이해할 수 없었고

설령 점령한다 해도 지킬 수가 없소!

내 생각도 같소.

희생만 있을뿐

측근들조차 내심 반대했지만, 독재자 히데요시의 '똘끼'를 막을 용기 있는 자는 없었다.

반대하는 놈 손들어

전쟁 초반 왜군은 압도적인 병력으로 평양까지 진격했지만, 승기를 잡은 건 잠시뿐이었다.

여름 안에 끝나겠네.

그래야쥬 저희 겨울옷 없습니다.

왜군은 7년 전쟁 대부분을 경상도 남쪽 일부를 점령한 채 해안에 방어선을 구축하고 강화협상을 하면서 보냈다.

점령지가 좁아서 식량을 자체 조달할 수 없었고 대마도를 통한 보급은 늘 침몰의 위험을 감수해야 했다.

왜 달랑 한척뿐이냐?

쌀은?

폭풍을 만나서 다 실종됐다.

임진왜란 당시 조선으로 건너온 왜군의 절반은 고향으로 돌아가지 못했는데, 상당수가 굶어 죽었다.

...

ㅇㅇ

조명연합군의 압박이 주는 공포, 열악한 식량 사정 등으로 조선에 귀순하는 병사가 속출했는데

투항하면 밥은 안 굶는데...

정말?

그들을 '투항한 왜인'이라는 뜻으로 '항왜(降倭)'라고 한다.

귀순 동기는?

조선인의 밥 그릇 사이즈에 충격을 받았습니다.

우리 밥그릇의 두 배...

조선은 적극적으로 항왜를 수용해서 무예가 뛰어난 자는 조선군에 편입하고, 나머지는 전국에 분산해서 생산에 투입했다.

月

전공을 세운 항왜에겐 재물과 벼슬도
내렸는데 대표적인 인물이 정2품까지
오른 '삼난공신' 김충선(사야가)이다.

※ 삼난: 임진왜란, 이괄의 난, 병자호란

항왜의 숫자가 급증하자 다급해진
도요토미 히데요시는 병영에 목책을
세워서 탈영을 막으라고 지시했는데

이 정도 쯤이야…

1597년(선조 30) 음력 5월, 군관을 적진에
잠입시켜 정탐하고 적정을 살핀 도원수
권율의 첩보 보고서에 따르면

앗! 조선군
첩자다.

이런…

당시 일본 측이 파악했던 항왜의 수는
무려 1만 명에 이른다.

※ 임진년(1592) 침공한 왜군 병력: 약 17만 명

투항하게 길 좀 뚫어달라고
대장에게 전해주시오.

아…
그러죠.

가고 싶은데
경비가 삼엄해서

'항왜 1만'은 도요토미 히데요시의 조선 침략이 얼마나 명분 없고
무모한 전쟁이었는지 말해주는 숫자이기도 하다.

투항하면
관직도 준다던데?

생활비 주고.
관직도 주고. 결혼도
시켜줍디다.

※ 권율의 첩보 보고서에 등장하는 잠입 군관과 왜군의 실제 대화 내용임.

떴다 떴다 조선 비행기

647년(선덕여왕 16) 비담과 염종의 반란이 일어났을 때 경주 월성(月城)에 큰 별이 떨어지자 왕이 크게 두려워하고 병사들의 사기도 땅에 떨어졌다.
김유신(金庾信)이 허수아비에 불을 붙여서 연에 매달아 띄우며 불덩이가 하늘에 올라가는 모습을 연출하고서는 "간밤에 떨어진 별이 다시 하늘로 올라갔다"라고 하자 병사들의 사기가 올라갔고 비로소 난을 평정할 수 있었다.

고려의 명장 최영(崔瑩)이 탐라 지방의 목호(牧胡, 목축하는 몽골인)가 반란을 일으키자 토벌하기 위해 탐라에 갔는데 섬에 접근하기 어려웠다. 최영이 군사를 연에 매달아 병선에서 연을 띄워 절벽에 상륙시켰고 불덩이를 매단 연을 적의 성안에 날려 보내 적진을 불태웠다는 전설이 전해 내려온다.

연은 인류가 고대부터 사용해온 인공 비행체로, 연에 사람을 태워서 하늘을 난다는 상상은 아주 오래전부터 해왔고 실제로 도전한 사람도 있다.

1783년 프랑스의 몽골피에 형제는 열기구를 만들어 하늘로 사람을 올려보냈고

1903년 미국의 라이트 형제는 최초의 동력 비행기를 개발했다.

우리 역사에는 몽골피에의 열기구보다
191년 앞선 1592년

조선 시대에 비행기를 만들어 하늘을 난
사람에 관한 기록이 있다.

'하늘을 나는 수레'라는 뜻의
'비거(飛車)'라는 비행기다.

※ 비차(飛車)로도 읽는다.

비거는 18세기 말 지리학자이자 실학자인
신경준의 저술 '거제책(車制策)'에 처음
등장하는데

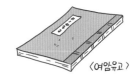

'거제책'은 수레 제도를 설명한 글
방책을 묻는 과거의 책문 과목에 대비하여
유생들은 상식 백과와 같은 글도 많이 읽었음.

〈여암유고〉

임진왜란 중 영남의 한 읍성이 왜적에게
포위되었을 때, 어떤 사람이 성주에게
비거의 활용법을 가르쳐주어

성에 올라가서 쏘아 올려 30리 밖으로
날아가게 하였다는 이야기다.

날아라!!

실학자 이규경이 1800년대 초에 저술한
전통 백과사전인《오주연문장전산고
(五洲衍文長箋散稿)》에도

신경준의 비거를 언급한 후, 비거에 관한
또 다른 두 가지 소문을 전하고 있다.

원주 사람의 책에서 고니와 따오기 형태를
만들어 배를 쳐서 바람을 일으켜서 하늘을
나는 비거에 관한 기록을 보았다는 것과

인조 때의 문신인 김시양이 논산에 사는
윤달주라는 사람이 비거를 만드는 법을
알고 있다고 말했다는 내용이다.

임진왜란 때 비거를 만들었다는 이는
전북 김제 출신의 무관 정평구(鄭平九)로
알려져 있다.

정평구는 화약을 다루는 임무를 맡은
진주병영의 별군관(別軍官)으로
진주성 전투에 참전했는데

후손들의 족보와 1918년에 정리된
《김제군지(金堤郡誌)》에도 왜군을
농락하는 정평구의 활약상이 실려 있다.

비거의 형태나 비행법은 전하지 않는데

오늘날의 행글라이더와 유사한
글라이더의 일종으로 추정한다.

전쟁 때는 워낙 허황된 정보와 보고가
난무했기 때문에 정사에는 기록되지
않고 야사와 구전으로만 전한다.

사람이 하늘을
날았다는 황당한 장계를
올린 놈을 당장
잡아오너라!

그러나 기원전에 이미 하늘에 날리는 기구인 '연'을 만들었으며,
연에 착안해서 인류가 글라이더를 만들려는 시도는 이미 오래전부터 있었고,
대나무와 광목 등 당시에 생산되는 재료로도 글라이더는 만들 수 있기 때문에
마냥 헛소문이라고 단정할 수도 없다.

조선통신사 비하인드

1763년(영조 39) 10월 통신정사로 일본에 간 조엄(趙曮)이 대마도에 머무르고 있을 때였다. 대마도 사람들은 어떤 식물 뿌리를 식량으로 삼고 있었는데 구워서도 먹고 삶아서도 먹고 생으로 먹어도 맛있었다. 일본인들은 그것을 '코오코마' 또는 '코오코이모'라고 했는데 유구(류큐, 현 오키나와)를 통해 전해진 고구마였다. 크기가 커서 한두 개만 먹어도 배가 불렀고 무엇보다 척박한 대마도 산비탈에서도 잘 자라고 있었다. 조엄은 고구마가 조선에서 매우 유용하리라 생각했고 종자를 구해서 동래부사에게 보냈다.

조엄이 에도(도쿄)에서 통신사의 임무를 무사히 수행하고 돌아오는 길에 다시 대마도에 들렀을 때, 동래에서 고구마 재배에 실패했다는 소식이 기다리고 있었다. 조엄은 조선으로 돌아가는 길에 다시 종자를 구해서 동래에 가서 심었는데 그 재배는 성공했다. 조엄은 고구마 재배에 관해서 이미 전문가가 다 되어 있었다. 통신사로 에도에 다녀오는 동안 그의 머릿속 한쪽은 온통 고구마 생각으로 가득 차 있었을 것이다.

※ 고구마의 어원은 일본어 코오코마에서 왔는데 조엄은 그의 저서 《해사일기(海槎日記)》에서 일본인은 이를 '고귀위마(古貴爲麻)'라고 부른다고 했다.

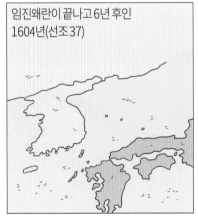

임진왜란이 끝나고 6년 후인 1604년(선조 37)

사명대사 유정이 쇼군 도쿠가와 이에야스를 만나 강화를 맺고 피로인 3,500여 명을 데리고 돌아오면서

나는 조선출병 때, 단 한명의 군사도 보내지 않은 사람이오.

대사께서 잘 좀 설득해주시오.

도쿠가와 이에야스

조선과 일본의 국교 정상화는 급물살을 타게 되었다.

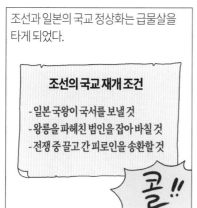

조선의 국교 재개 조건

- 일본 국왕이 국서를 보낼 것
- 왕릉을 파헤친 범인을 잡아 바칠 것
- 전쟁 중 끌고 간 피로인을 송환할 것

콜!!

전쟁이 끝난 지 채 10년이 되지 않았지만, 국내 정치적 필요와 국제 정세의 변화로 양국의 이해관계가 서로 맞았기 때문이다.

원수와의 화해는 분하지만,

조선인 포로의 생환도 시급하고

여진의 세력이 날로 커져가니, 일본과는 화친을 맺는 게 유리하다.

국교 재개는 정치적으로는 일본에, 경제적으로는 조선에 예속되어 있던 대마도 번주의 필사적인 노력 덕이 컸다.

양국이 화친 하지 않으면

저희는 굶어죽습니다!

조선은 '회답 겸 쇄환사'라는 이름으로 세 차례에 걸쳐 사절을 파견했고, 일본은 조선 사신을 극진하게 대우했다.

그런데 1635년 대마도 번주의 가신이던 야나가와 시게오키가 뜻밖의 폭로를 했다.

야나가와 시게오키 **양심 선언**

그동안 양국에 오간 국서는 모두 대마도 번주가 위조했다!

내가 직접 고쳤소!

대마도 번주가 상대국에서 거북하게 여길 수 있는 부분을 중간에서 위조했다는 것이다.

쇼군(장군)은 일본국왕으로 고치고…

쇄환사는 통신사로 고치고…

대마도 번주인 소 요시나리와 갈등을 빚던 시게오키가 교류의 실무를 담당한 자신을 쇼군의 가신으로 삼아주길 기대하며 벌인 밀고였다.

하지만 막부는 요시나리에겐 무죄, 시게오키에겐 유배형을 내렸다.

조선도 이를 크게 문제 삼지 않았는데 오히려 '통신사'라는 옛 명칭을 회복하고 사신단의 급을 격상했다.

이미 양국의 평화체제가 자리 잡아 가는 판에 새로 갈등을 유발할 필요가 없기 때문이었다.

통신사는 정사를 단장으로 관원, 호위 군사, 악공, 의원, 화공 등 400~500여 명에 이르는 인원으로 구성되었는데

육로와 해로를 통틀어 왕복 1년 가까이 걸리는 험난한 여정이었다.

일본은 막부의 1년 수입을 훌쩍 넘을
정도의 막대한 경비를 들여서 통신사를
극진히 대접했다.

통신사는 평화 유지를 위한 사절에서
점차 문화 사절로 변모해갔는데

통신사가 한번 다녀오면 일본 내에
조선 붐이 일고 유행이 바뀔 정도로
일본 문화에 영향을 끼쳤다.

※ 당인춤 : 일본 전통 무용. 조선통신사를 흉내낸 춤

통신사의 가장 인기 있는 콘텐츠는
조선의 마상무예를 선보인 '마상재'였다.

18세기 이후, 상업과 문화가 발전하는
일본의 모습은 조선의 실학에도
영향을 미쳤다.

12차례 통신사가 왕래하던 260년간,
양국은 유례없는 평화를 유지했다.

조선 하늘에 UFO가!

《조선왕조실록》은 500년간 거의 매일 쓰다시피 한 방대한 역사 기록인 만큼 미확인비행물체(UFO)에 관한 기사도 수십 개나 실려 있다.

그중 가장 유명한 것이 1609년(광해군 1년) 음력 8월의 강원도 UFO 집단 목격 사건이다.

《광해군일기》는 강원도관찰사의 보고서
전문을 실어 UFO 목격담을 상세히 전하고 있다.

강원도관찰사 이형욱의 장계가 승정원에 도착하자 조정이 술렁거렸다.

장계는 한 달 전인 음력 8월 25일, 강원도 간성·원주·강릉·춘천·양양 다섯 고을에서

동시다발적으로 목격된 UFO에 관한 각 고을 수령들의 보고를 취합한 것이었다.

이에 앞서, 조정에는 평안도 선천군에서 같은 날 발생한 UFO 목격담에 관한 보고가 이미 올라와 있었다.

강원도 간성·원주·강릉·춘천 및 평안도 선천에서 목격된 UFO는 목격한 시간대가 같고

고을마다 비행체의 형상은 제각각 다르게 묘사했지만,

간성 : 햇무리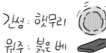

원주 : 붉은 베

강릉 : 호리병

춘천 : 동이

선천 : 꼴단
← 말과 소의 먹이를
풀을 묶은 단

159

불덩이가 하늘을 가로지르며 날아갔고, 곧 천지를 진동하는 천둥소리가 들렸다는 공통점이 있었다.

언뜻 보면 '2013년 러시아 유성 폭발'처럼 커다란 유성이 추락하며 폭발한 것으로도 보인다.

하지만 고을마다 진행 방향이 다르다는 것은 특이한 점이다.

또한 양양의 목격담은 다섯 고을과는 완전히 다르다.

오후 2시경, 전문위라는 이름의 한 품관 (하급양반)의 집 마당에 세숫대야처럼 생긴 둥글고 빛나는 것이 나타났다.

땅에 내릴 듯하다가 3~4m 정도 공중에 떠올랐는데, 크기는 한 아름 정도고 길이는 베 반 필 정도였다.

동쪽은 백색이고 중앙은 푸르게 빛났으며 서쪽은 적색으로 마치 무지개처럼 회전하다가

공중에 떠오르며 온통 붉은색으로 변했는데 그 형상이 위는 뾰족하고 아래는 자른 듯 평평했다.

하늘을 이리저리 날다가 둘로 쪼개져서 한 조각은 연기만 남기고 사라진 후, 천둥소리가 몇 번 났는데

방석 모양의 한 조각은 한동안 그대로 떠 있었다고 한다.

빛을 내고 회전하며 수직으로 상승해서 사라지는 모습이 SF영화에 등장하는 소형 우주선과 닮았다.

《조선왕조실록》은 UFO의 목격담을 단지 전하기만 할 뿐 어떠한 논평도 하지 않는다.

임금이 머물던 곳, 판문점

고려의 국제 무역항인 벽란도 때문에 고려 시대 개성을 오가는 물류의 중심이 예성강이라고 생각하기 쉽다. 예성강은 수심이 깊어서 큰 배도 드나들 수 있는 장점은 있지만, 하류까지 산골짜기를 굽이굽이 굽이치며 흐르는 강이라 급류가 많고 물살도 세서 위험했다. 또한, 예성강에서 개성에 이르는 길은 산길이라서 수레가 다니기에 불리한 점도 있었다.

개성 물류의 중심은 사천강인데 개성의 동쪽을 흐르는 강이라서 당시 개성 사람들은 '동강(東江)'이라고 불렀다. 사천강은 임진강의 지류로 개성 동쪽을 흘러서 개성공단을 감싸며 돌다가 판문점 앞을 흐르는 사천강의 지류와 합류해서 남쪽으로 잠시 흐르다가 임진강에 합류한다.

사천강 하류에 동강나루가 있는데 고려의 조운선이 정박하던 나루다. 그런데 이 사천강을 준설하지 않고 토사가 쌓이다 보니 고려 말에는 배가 드나들 수 없는 강이 되었다. 고려 조정으로서는 매우 치명적인 문제였다.

6·25 때 정전협상과 협정의 조인식이 열린 '판문점'은

현재의 판문점 공동경비구역에서 강 건너 서쪽 600m 떨어진 들판에 있었다.

판문점(板門店)은 '널문마을 주막'의 한자어로,

정전협정 당시 중국 측이 우리말 '널문'을 한자로 표기할 수 없어서

널문의 한자어 '판문(板門)'과 회담장 옆 '가게(店)'를 합쳐서 표기한 것이 지명의 유래라고 널리 알려져 있는데

사실은 예전부터 쓰인 지명으로 19세기에 발행된 읍지류에 종종 소개되고

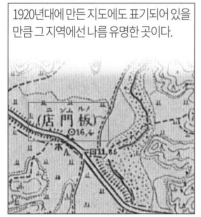

1920년대에 만든 지도에도 표기되어 있을 만큼 그 지역에선 나름 유명한 곳이다.

'판문(널문)'이라는 지명은 현재의 판문점 서쪽을 흐르는 사천강의 지류를 건너는 '판문교' 때문에 생겼다.

영화 '공동경비구역 JSA'의 배경이 된
'돌아오지 않는 다리'가 바로 이 판문교로

영화 '공동경비구역 JSA'의 한 장면

원래는 목조다리였는데 일제강점기 때
허물고 시멘트로 새로 다리를 놓았다.

손기정 올림픽 마라톤 우승 10주년 기념
으로 1946년 개성에서 열린 '판문교왕복
마라톤대회'의 반환점이기도 했다.

옛날에 왕이 급히 사천강을 건너게 되면서
백성들이 문짝을 뜯어서 다리를 놓아
판문교라 했다는 이야기가 전해지는데

홍건적의 난 때, 급히 남쪽으로 몽진한
공민왕으로 추정된다.

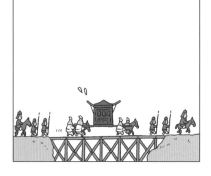

고려 말, 널문마을 촌장의 딸 옥화를
짝사랑하다 상사병으로 죽은 억쇠가
사천강의 흑룡이 되어

164

판문교를 건너던 옥화를 데려갔다는 전설이 내려오는 것을 보면 고려 말에도 다리가 있었다는 것을 알 수 있다.

판문교 앞 사천강변은 고려 시대 송도의 한량들이 기생과 함께 풍류를 즐기던 강변 유원지였다.

마치 영화 '바그다드 카페'처럼 판문교 옆 넓은 들판에 초가집 몇 채만 달랑 서 있는 널문리 주막인 판문점은

조선의 1번 대로(大路) '의주로'의 개성과 장단 중간 지점으로 여행자들이 쉬어가던 곳이었다.

이 마을이 임진왜란 때 몽진 가던 선조 임금이 점심을 먹은 곳이라네.

酒

판문점 주변에는 개성 도심 크기만큼 넓은 들인 판문평(板門坪)이 펼쳐져 있는데

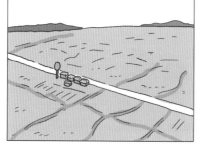

이 들판은 북방이 어지러울 때 경기도 군사들이 집결하는 주둔지이기도 했다.

북장 불랑!!

京畿助戰節制使

판문점은 조선의 임금들도 머물던 곳이다.

영감, 전하께서 개성으로 행차하신다는 첩보입니다.

장단부사

고령소이까?

개성유수

태조 이성계의 첫 번째 부인이며 정종과 태종의 생모인 신의왕후 한씨의 묘 제릉(齊陵)이 개성에 있어서

신의왕후는 '조선 왕실의 어머니' 라고 할 수 있죠.

2대 왕 정종의 묘 후릉도 개성에 있습니다.

조선의 임금들은 제릉에 참배하기 위해 종종 개성으로 능행을 했다.

판문점 앞에 몽골식 텐트인 파오달(波吾達)을 치고 *대주정(大晝停)을 했는데

*왕의 행차 시 야영을 하거나 잠시 머물기 위해 처소를 설치하는 것.

통제구역

어가가 이곳에 이르면 잠시 머물러 임금이 정사를 보고, 쉬면서 낮 수라를 들었다.

맛나도다.

판문점은 고려 시대부터 현대까지 유난히 나라님과 인연이 많은 곳이다.

저기가 2018 남북정상회담이 열린 '평화의 집'이야!

KOREA

정적의 처방전

豊(풍년 풍)자는 豆(콩 두)자와 曲(굽을 곡)자가 결합한 글자다. 豊자는 제기 위에 제수가 놓여 있는 모습을 형상화한 글자인데 豆자는 제사에 쓰는 그릇인 제기(祭器)라는 또 다른 뜻이 있고, 曲자는 물건이 가지런하게 놓인 모습을 표현한 것이다. 여기에 示(보일 시, 땅 귀신 기)자를 더한 것이 禮(예도 예)자이다.

유교에서 예는 인간의 행동 규범 및 제사 의례의 구성과 절차를 가리키는데 한자 어원을 살펴보면 예가 '신에게 올리는 제사'에서 비롯되었다는 것을 알 수 있다.

고대 제정일치 사회에서 예는 인간이 신에게 행하는 의식이었는데 사회가 변하고 유교가 자리잡으면서 점차 임금과 신하, 그리고 인간과 인간 사이의 행동 규범과 절차로 확대되었다.

조선 시대 붕당의 전개 과정에서 현대인의 시각으로는 이해하기 어려운 것이 예송논쟁(禮訟論爭)이다.

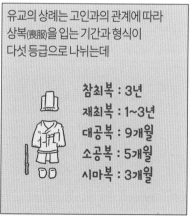

유교의 상례는 고인과의 관계에 따라 상복(喪服)을 입는 기간과 형식이 다섯 등급으로 나뉘는데

참최복 : 3년
재최복 : 1~3년
대공복 : 9개월
소공복 : 5개월
시마복 : 3개월

1659년 효종이 승하하자 인조의 계비 자의대비(효종의 의붓어머니)가
어떤 상복을 입어야 하는지가 논란이 되었다.

집권 세력(서인)은 사대부의 예에 따라서
효종이 차남이라는 이유로 1년짜리
재최복으로 결정했는데

이 결정은 조선 후기 사족들의 격렬한
논쟁인 예송논쟁의 발단이 되었다.

오늘날 사람들의 눈에는 고작 상복을 몇 년
입을지와 같은 사소한 문제로 싸운 것이
이해되지 않을 수 있지만,

예학(禮學)이 고도로 발달한 17세기
조선에서는 중요한 논쟁거리였고

오늘날로 치면 법률 제정 문제로 헌법 해석을 두고 좌우가 대립하며 사상과 이념이 격돌하는 것과 같은 문제였다.

'왕이니까 적통으로 대우해야 하는가, 왕이라도 차남으로 대우해야 하는가' 하는 매우 첨예한 정치적 사안으로

효종과 현종의 정통성 문제로도 비화했고 유교 철학의 대립양상까지 보였는데

왕권과 신권을 수평관계로 보는 신권파와

수직관계로 보는 왕권파의 사상적 대립이기도 했다.

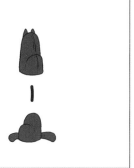

두 차례의 예송논쟁으로 수십 년간 다툰 양 진영의 수장 송시열과 허목에 대한 재미난 일화가 야사에 전해진다.

우암 송시열이 평소 자신의 오줌을 마시는 요료법으로 건강 관리를 하다가 그만 탈이 나고 말았는데

의원의 처방을 받아도 신통치 않자 송시열은 비록 정적이지만, 의학에 조예가 깊은 미수 허목에게 처방을 받아오라고 했다.

송시열의 아들이 허목을 찾아가 처방을 부탁하자 허목이 처방을 내려 주었는데

약방문에는 독약으로도 사용되는 비상(砒霜)이 포함되어 있었다.

하지만 송시열은 허목의 처방대로 약을 지어올 것을 지시했고 그 약을 먹고 병이 나았다.

송시열의 아들은 아버지의 병이 낫자 허목에게 감사의 인사를 하러 갔는데

아버지께서 병이 나으셨으니

감사하다는 인사는 드려야지.

약방문에 비상을 넣은 연유는 무엇입니까?

요즘법으로 체내에 독이 쌓여서 생긴 병이다.

독은 독으로 중화해야 하기 때문에 내린 처방이지.

약은 의원에게 처방은 허목에게

비록 정적이었지만, 두 사람이 서로의 인격은 존중했다는 이야기다.

독이 든 나의 처방대로 약을 짓다니

우암의 대범함은 알아줘야겠어.

허허…

오늘도 궤변을 늘어놓는 걸 보니 다 나았나 보군.

다~ 그대 덕이오.

171

조선의 국가유공자

1014년 고려의 임금은 다음과 같은 교서를 내렸다.

"방수군(防戍軍) 중에 길에서 죽은 자는 관청에서 시신을 거두는 도구를 제공하고, 해골을 상자에 담아 역마(驛馬)에 실어 집에 빨리 보내도록 하라. 돌아다니는 행상(行商)으로 죽어 성명과 본관(本貫)을 알 수 없는 자는 소재지의 관사(官司)에 그를 위해 임시로 장사 지내고 늙고 젊은 정도의 용모 특징을 기록하여 실수가 없게 하며, 이를 영원히 법식으로 삼으라."
_《고려사》 1014(현종 5) 음력 6월 6일 기사

전사자를 예우하여 장례를 치르는 제도를 마련하면서 영원한 법식으로 삼으라던 그날은 공교롭게도 음력 6월 6일이었고 교서를 내린 임금은 현종(顯宗)이다.

현충일(顯忠日)과 여러모로 인연이 깊다.

나라를 위해 공헌하거나 희생한 국가 유공자를 기리며

그들의 가족을 예우하고 보상하는 제도는

고대 국가 성립 이전인 부족 사회 때부터 존재했던 제도다.

보훈제도는 국가와 사회의 존립을 위해 필연적으로 발생했다.

우리 역사에도 나라별로 보훈을 담당하는 기관이 있었는데

신라는 '상사서(賞賜署)'가 그 역할을 했다.

고려는 건국 직후, '사적(司績)'을 설치했고 '상서고공(尙書考功)'으로 고쳤다가 공민왕 때 '고공사(考功司)'로 바꾸었는데

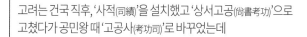

공신을 책봉할 일이 생기면 임시 기관인 공신도감을 설치했다.

고려 때까지는 관리의 공과를 조사하고 심사하는 관서에서 보훈 업무를 겸했는데

조선은 공신과 보훈을 전담하는 '충훈부(忠勳府)'라는 관서를 따로 두었다.

府勳忠

대한민국의 국가보훈처와 역할이 같소이다.

조선 초에 공신도감·충훈사로 불리다가 세조 때 충훈부로 승격되었는데

忠勳府
⇧
忠勳司

조선 시대에 '부(府)'는 대체로 격이 높은 관서에 붙는 단위 명칭이다.

의정부
의금부
府
종친부
돈녕부

임진왜란 때의 명장인 정기룡 장군 휘하에 이름도 비슷한 정구룡이라는 장수가 있었다.

174

1598년, 함안첨정 정구룡은 임무를 마치고 복귀하던 중 왜군의 매복 공격을 받고 조총에 맞아 전사했다.

36세의 나이에 전사한 그는 선무원종공신 1등에 책봉됐다.

1840년(헌종 6) 경상도 함안

관아에서 부역에 나오라고 했다고?

나이가 찼으니 *신역(身役)을 지라는 통보가 왔습니다.

*군역과 부역 등 백성이 몸으로 치르는 일

어허~ 이 사람들이…

공신의 후손은 대대로 부역이 면제되거늘

아빠도 면제야!

그동안 조상 덕보고 잘 살았는데…

설마 법이 바뀐 건 아니겠지?

175

함안군수는 이를 완강하게 거절했다.

2년 후, 암행어사가 함안에 왔을 때

정사은은 청원서를 냈고

어사는 정사은 아들의 신역을 면제하라는 지시를 군수에게 내렸다.

244년 전에 사망한 공신까지 예우하던 조선의 보훈정책은 나라의 운명이 다할 때까지 변함이 없었다.

조선의 간척사업

인천 강화군의 석모도는 수도권 연인들의 데이트 코스로 인기 있는 섬이다. 지금은 석모대교라는 연륙교가 놓여 있지만, 다리가 놓이기 전에는 강화도의 외포리 선착장에서 타고 온 자동차를 페리에 싣고, 승객들이 던져주는 새우깡을 받아먹는 갈매기들의 호위를 받으면서 가는 섬으로 유명했다.

석모도를 드라이브하다 보면 구간에 따라 색다른 풍광을 볼 수 있는데 삼산면에 이르면 육지라고 착각할 정도의 넓은 평야가 펼쳐진다. '송가평'이라는 이름의 이 들판은 동서 방향으로는 큰 산이 없어서 개방감이 크게 느껴지고 서쪽으로는 멀리 있는 작은 산 사이로 듬성듬성 지평선도 보인다. 이것은 평야가 서해와 접하면서 착시로 빚어낸 지평선이다.

송가평은 조선 시대에 석모도와 송가도 사이의 갯벌을 메운 간척사업으로 만들어진 평야다.

한반도에서 갯벌을 농토로 만드는 간척사업의 역사는 꽤 오래되었다.

삼국시대부터 간척사업을 한 것으로 보이지만, 기록은 고려 때부터 남아 있다.

고려·조선 시대의 대표적인 간척지는 인천광역시 강화군 지역이다.

간척사업 때문에 오늘날 강화군의 농경지 전체 면적은 도시화 이전의 김포평야를 웃돈다.

용어년대 초 김포평야보다 약간 넓어요.

강화의 옛 지명은 '혈구(穴口)'와 '해구(海口)'인데, 그 이름처럼

穴口
海口

혈구: 구멍의 어귀

해구: 바다의 어귀

한강·임진강·예성강의 교통과 물류를 통제할 수 있는 군사적·전략적 요충지다.

특히, 교동도는 삼국 시대 이래 왕조마다 수군 기지를 둔 곳인데 오늘날도 군대가 주둔하고 있다.

강화도는 뭍에서 가깝고 면적도 넉넉한 섬으로 물살이 센 바다가 천연 해자 역할을 하는 천혜의 요새인데

무서워서 못 건너오겠지?

배멀이가 심해서...

삼남 지방에서 올라오는 조운은 물론, 해상을 통해 통신망을 유지할 수 있는 장점도 있었다.

조운선이다!!

어서오시오~

몽골 침입 때, 고려 왕조는 강화도로 천도하여 30여 년간 항전했는데,

개성

강화 지역의 간척사업은 이 무렵에 시작되었다.

여기에 제방을 쌓으면

나리, 물이 들어올 시각입니다.

강화는 조선 시대에도 임금의 행궁이 있는 유수부(留守府) 설치 지역으로

조선에서 유수부를 설치한 곳은 강화·개성·수원·광주(경기도) 4곳!

비상시 임시 수도 역할을 하는 곳이었다.

유수관은 직할시 개념으로

강화 유수는 종2품으로 관찰사와 동급이며,

외관직(지방직)이 아닌 경관직(중앙직) 대우를 받소.

병자호란 때 몽진하는 인조의 원래 목적지였는데 미적거리다가 타이밍을 놓쳤고, 눈길도 미끄러워 남한산성으로 갔다.

청군에게 길이 막혔습니다!

내비게이션 다시 찍어라! 남한산성으로~

179

조선 시대 강화 지역의 간척 사업은
숙종 때부터 본격적으로 시행되었는데

*제언사(堤堰司)의 주도로 제방을 쌓고,
염분을 빼는 제염작업을 거치면서
강화도의 갯벌은 점차 농토가 되었다.

*제방과 수리(水利)사업을 담당한 관청

스테고사우르스 한 마리가 누워 있는 듯한
들쭉날쭉한 강화도의 해안선은

간척사업으로 오늘날 둥근 감자
모양으로 변했고

26개의 크고 작은 섬이던 강화군은
강화도·교동도·석모도, 3개의 큰 섬으로 이루어진 곳이 되었다.

180

조선(朝鮮)의 조선(造船)과 조선(漕船)

조선 시대 창원부(경남 창원시)에는 크게 부내면·동면·서면·남면·북면이 있었다.

※ 부내면은 현재의 의창구 남부, 동면은 현재의 동읍, 서면은 옛 마산시, 남면은 현재의 성산구 일대, 북면은 현재의 북면이다.

세부적인 행정구역 명칭은 '부내면일운', '동면일운', '서면삼운', '남면도하일운', '북면이운' 등 죄다 동·서·남·북 방위와 숫자, 그리고 '운(運)'의 조합인데 옛 지도에는 이를 줄여서 '동일운', '서이운' 등으로도 표기했다.

'運(운)'은 '옮기다'라는 뜻의 한자로 운송, 운반, 운수업 등에 쓰이는데 여기서는 '조운(漕運)'을 의미한다.

※ 거제에는 '일운면(一運面)'이라는 지명이 여전히 남아 있다.

창원에는 '마산창(馬山倉)'이라는 큰 조창이 있었는데 김해·웅천·칠원·함안·의령·진해·고성·거제 등 주변 여덟 고을의 세곡을 수납했다.

창원부는 조운선 선원인 조군(漕軍)이 사는 지역으로 그들은 매년 '동면일운' 같이 자신이 사는 마을 이름이 크게 적힌 조운선에 세곡을 싣고 한양으로 갔다.

산이 많고 하천이 많은 우리나라는 예부터 수운이 발달했다.

왜구가 극성을 부리던 고려 말, 우왕은 조운제도를 폐지하고 육상으로 세곡을 실어나르도록 했는데

왜구 때문에 내가 고생이야!

조운제의 폐지는 고려 조정에 심각한 재정난을 가져왔고 고려의 멸망을 가속했다.

조선이 도읍을 정할 때 바다와 강을 통해 세곡과 물자가 모이기 좋은 곳을 1순위로 삼았는데 그곳이 한양이었다.

조선은 건국 초부터 조운제를 복원하는 데 애를 썼고 1401년(태종 1)에만 무려 500척의 조운선을 건조했다.

조선 전기 조운선은 군선을 겸했는데

※조운선은 약칭인 '조선(漕船)'으로 많이 불렸고, '조전선(漕轉船)'이라고도 했다.

1555년(명종 10)에 새로운 군선인 판옥선을 개발하면서 조운만 전담하는 배가 되었다.

영·호남의 조운선은 800~1,000석의 세곡을 실었고, 함흥을 기점으로 활동한 북조선(北漕船)은 1,400석을 실었다.

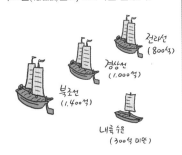

천석선(千石船)은 배 밑바닥(선저)의 길이가 57자(17.27m)로 배 전체의 길이는 약 24m였고 승조원은 20여 명이었다.

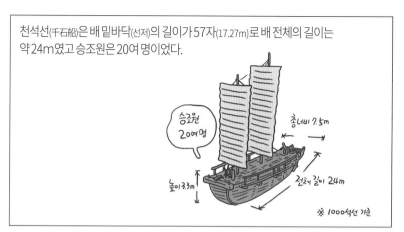

배의 크기는 화물의 양보다 지역에서 조달 가능한 목재의 크기에 따라 결정되었다.

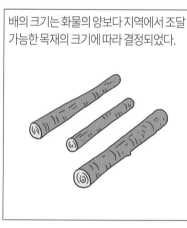

조운선은 당시 세계적으로도 대형선에 속하는 큰 배였다.

한반도에 세워진 나라마다 조운제를 운용하다 보니 우리는 익숙해서 잘 모르지만,

국가 차원에서 대형 화물선을 운용하며 대규모 해상 운송 시스템을 구축하고 유지한 사례는 세계적으로 드물다.

조운으로 운반하는 세곡은 약 30만 석 규모다. 대부분이 관료와 군인의 녹봉으로 지급되는데

조운선이 들어오지 않아 제때 급료를 지급하지 못한 적도 있다.

서해는 물길이 험한 곳으로 해난 사고가 잦아 조운선 침몰도 빈번하게 일어났다.

조운선 통과 지역의 첨사·만호와 고을 수령은 선단이 무사히 항행할 수 있는 길잡이가 되어야 했는데

사고 시 연대 책임이 있으므로 각별히 신경을 썼다.

조군은 양인 신분으로 천역에 종사하는 '신량역천(身良役賤)' 세습직이었다.

다른 부역은 면제되었지만, 선원으로
1년에 몇 달씩 집을 떠나 배 위에서 사는
인생이라 매우 고달팠다.

해난 사고가 워낙 잦다 보니 늘 생명의
위험을 감수해야 하는 것이 무엇보다
두려웠다.

※태종 12년에 규정된 조군의 유족 보상금은
쌀과 콩 4석, 3년간 복호(부역 면제)다.

한양의 권문세가들도 삼남 지방에 토지를
소유한 경우가 많아 민간 선박의 활동도
활발했다.

대동법 시행 이후, 세곡을 운송하는 민간
사선(私船)이 크게 증가했는데 한강을
중심으로 활동한 '경강선(京江船)'이
대표적이다.

경강상인들은 경강선으로 조정의 세곡과
양반·지주들의 소작미를 운송하는 수상
운수업으로 자본을 축적했다.

운송업자에게 화물의 손실은
치명적인 일이기 때문에

사선은 조운선보다 작지만 내구성이나 선박 관리가 질적으로 우수했고, 선원 역시 전문성을 갖추고 있었다.

1702년(숙종 28)에는 300여 척의 경강선이 활동했고

교통 정리가 필요해

정조의 화성 능행을 위한 배다리인 주교(舟橋)를 만들 때는 500여 척의 크고 작은 경강선이 동원되기도 했다.

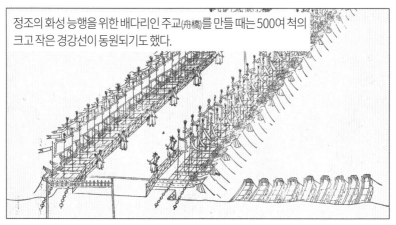

1789년(정조 13)에 주교를 관장하는 주교사(舟橋司)를 설치하고 경강선의 등록과 관리 업무를 했는데

주교사

어디 보자~

주교사 설치는 단지 부교 설치만을 위한 기관이 아닌 경강선을 국가의 통제하에 두려는 의도가 숨어 있었다.

상단에 큰 배가 모두 몇 척인가?

500석선은 다섯 척입니다요

운하 뚫기 오백년

태안반도 남단에 닭의 아랫볏처럼 길게 드리운 안면도는 원래 섬이 아니었다.

안면대교가 가로지르는 태안반도와 안면도 사이의 폭이 좁은 바다는 인공 수로인 운하다.
한반도의 많은 섬이 오랜 침식작용으로 육지에서 잘리면서 섬이 되었지만, 안면도는 사람의 손에 의해 섬이 되었다.

운하를 만든 이유는 세곡을 실어 나르는 조운선을 파도와 조류가 센 외해보다 안전한 내해(천수만)로 운항하기 위해서였다.

한반도에는 능숙한 뱃사공도 두려워하는 4곳의 험한 바다 물길이 있다.

나도 거기는 안가고 싶어.

심청이와 인당수의 전설이 있는 용연 장산곶,

피난 가는 고려 임금에게 풍파를 피해서
가자고 말했다가 억울하게 죽은 사공
손돌의 전설이 있는 강화 손돌목,

험한 물길을 이용해 이순신 장군이
명량대첩의 신화를 만든 진도 울돌목,

그리고 이번 이야기의 배경이 되는
태안 '안흥량(安興梁)'이다.

이곳은 개성과 한양에서 영·호남을
오가는 배와 중국을 오가는 *남선항로의
경유지인 마도(馬島) 앞바다로

*요나라를 피해서 고려와 송나라가 왕래하던 남방 항로

강한 바람, 높은 파도, 빠른 유속, 안개,
암초 등 항해의 악조건을 모두 지녀 해난
사고가 잦은 곳이었다.

원래 이름은 '배가 지나가기 어려운 해협'
이라는 뜻의 '난행량(難行梁)'이었는데
'안흥량(安興梁)'으로 고쳤다.

※ 안행량(安行梁)이라고도 한다.

1123년(인종 1년)에 송나라 사절로 고려에 왔던 서긍(徐兢)은
견문록《선화봉사고려도경(宣和奉使高麗圖經)》에서
안흥량의 기괴함을 묘사했다.

"마도 앞에 돌부리 하나가 바다에 들어가 있어서
물결이 부딪혀 파도가 돌아가는데 놀란 여울물이 용솟음치는 것이
각양각색의 기괴한 모양이라 말로 표현할 수 없다.
그러한 까닭에 배가 그 아래를 지나갈 때는 감히 가까이 가지 못하는데
암초에 닿을까 염려해서다."

조운선은 상습 과적을 일삼는 대형 화물선
이라서 조종이 쉽지 않은데, 많은 조운선이
이 바다에서 침몰했다.

안흥량에서 일어난 가장 큰 사고는
1414년(태종 14) 음력 8월 태풍을 만나
전라도 조운선 66척이 침몰한 사건이고

※ 피해 규모
인명피해 : 200여 명
물적 피해 : 쌀과 콩 5,800여 석

두 번째는 1455년(세조 1) 음력 9월 3일
역시 태풍으로 전라도 조운선 54척이
침몰한 사건이다.

※ 피해 규모는 모름

건국 이래 1455년(세조 1년)까지 전국에서
304척(사고 건수 22)의 조운선이 침몰했는데
안흥량에서만 137척이 침몰했다.

1392~1455년
해상에서 침몰한 관선의 수
전체 : 351
조운선 : 304
제주 진마선 및 공선 : 4
군선 : 43

1455년 사고를 계기로 세조는 '굴포(掘浦)' 공사 재개 검토를 지시했다.

천수만과 가로림만을 남북으로 관통하는 운하를 만드는 공사였다.

굴포는 순우리말로 '판개'인데 '배가 다닐 수 있게 갯가를 파낸 곳'을 말한다.

굴포는 보통명사인데

고유명사화된 곳이 전국에 여러 곳 있다.

♬

조선 시대에는 운하라는 용어를 쓰지 않았기 때문에 굴포가 곧 운하인 셈이다.

배를 대기 위해 땅을 판 포구도 굴포.

배가 지나갈 수 있게 땅을 판 수로도 굴포.

현재는 '굴포운하'라고 많이 부르는데 '역전 앞'처럼 같은 뜻의 단어가 중복된 명칭이다.

굴포운하
(운하 운하)
역전 앞
(역 앞 앞)

※《만기요람》은 '김포굴포'와 더불어 '안흥굴포 (安興掘浦)'로 표기하고 있다.

태안굴포 사업은 고려 때부터 시작했지만, 실패를 거듭하고 미완성으로 남은 사업이었다.

태안
굴포
공사현장

190

1134년(고려 인종 12)에 처음 시작했으나 실패했고, 공양왕도 도랑을 다시 파게 했으나 결국 중단했다.

전체 약 7km 구간 중 3km 정도를 뚫지 못했는데 조수가 밀려들고 화강암 암반층을 파낼 수 없었기 때문이다.

굴착기 없으면 못 판다니까!

1461년(세조 7) 신숙주의 주도로 다시 공사에 착수했으나 결국 3년 만에 사업을 중단했다.

충남 서산시 팔봉면 진장리에는 산이라고 하기에도 민망한 작은 야산이 하나 있는데 '신털이봉'이라는 이름까지 있다.

하하하..♩

뭐, 어때서?

신털이봉

신털이봉~

태안굴포 공사를 한 인부들이 짚신에 묻은 흙을 털어서 생겼다는 재밌는 전설이 내려오는 산이다.

오늘 일과 끝!

털털..

털털..

짚신을 터시오

1536년(중종 31) 중종은 굴포 공사를 다시 검토하면서 대체지를 물색하도록 했다.

대체지도 한번 찾아보라.

안행량 굴포경차관은 다른 루트를 찾아냈는데 태안읍 서쪽 면을 자르는 '의항굴포(蟻項掘浦)'였다.

이듬해 승려 5,000명까지 동원해서 6개월간 공사를 한 끝에 마침내 개착에 성공했다.

"뚫었다!!"

하지만, 조수에 밀려드는 흙이 수로를 막다 보니 배가 다닐 수는 없었다. 결국, 의항굴포 사업도 실패로 끝났다.

겨우 뚫었는데…

굴포 개착에 실패하자 천수만에서 세곡을 하역해서 육로로 옮기고 빈 배로 이동해 가로림만에서 다시 싣기도 했다.

더 번거롭잖아! 돈도 많이 들고

이 방법도 실패!!

나만 힘들어

꿩 대신 닭이라고 했던가. 인조 대에 안면곶의 개미허리를 잘라 배를 통하게 했다. 이 공사는 쉽게 끝났다.

천수만

안면도

안면도 서쪽 해안도 만만찮게 위험한 곳이라서 위험요인은 줄었지만, 안면 사람들은 졸지에 섬 주민이 되었다.

할매 허락도 안 받고!!

할매 미안

강화도 손돌목을 피하고자 김포에도 운하를 만들려고 했다.

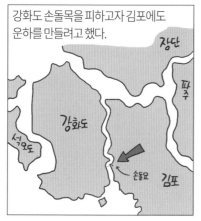

장단
파주
강화도
석모도
손돌목
김포

고려에 이어 조선도 중종 대에 김안로가 주도했으나 실패했는데 현재 굴포천은 '김포굴포(金浦掘浦)'의 흔적이다.

굴포천

1443년(세종 25) 태풍으로 조운선 11척이 침몰하고 88척이 표류했다는 소식을 듣고 세종은 사흘 밤낮을 울었다.

꺼이 꺼이

과인이 천명의 백성을 죽인 죄인이오…

그 가족은 ~ 어이할꼬…

그러나 11척의 배가 침몰했지만, 선원은 모두 구조됐고, 표류했던 배들도 모두 무사히 피항했다는 낭보가 전해지자

지화자~

덩실 덩실

너무 기쁜 나머지 장계를 들고 온 자에게 의복을 하사하고, 여섯 승지에게도 비단옷 한 벌씩 돌렸다.

옛다! 기분이다~

또한 궐내 각사에도 술과 다과를 돌리고, 대궐에서 축하 파티까지 열었다.

무사귀환

한 사람도 죽지 않았어요~

하하하!

서해는 물속 지형의 굴곡이 심하고
조수간만의 차가 커서 오늘날에도
해난 사고가 많은 바다다.

비록 대부분 실패하긴 했지만, 선조들은
500년 넘게 안전한 항로를 확보하기 위해
운하 개착에 도전했다.

조운선 운용을 폐지하라고 말할 때도,

조운선 폐지는
아니 되옵니다~

힘들고 돈은 들겠지만,
사람은 죽지 않는다.
육로로 옮겨라!

운하를 건설하라고 명령할 때도 임금은 늘 같은 명분을 내세웠다.
'사람이 죽어서는 안 된다.'

굴포 개착을
단념하시옵소서~

삽질 좀 한다고
사람이 죽더냐?!
인명을 살리는
일이니 강행하라!

총, 갑, 주

임진왜란이 발발하고 왜군이 경상도를 파죽지세로 휩쓸 때였다.
경상감영의 영리(營吏, 감영 아전)는 전라감사에게 다음과 같은 소식을 전했다.

"지금 도착한 소식통에 의하면 왜적들이 옷 안에 갑옷을 입었는지는 모르겠으나, 옷 밖에는 모두 갑옷을 입지 않았고, 병기로 말할 것 같으면 단지 철환(鐵丸)을 쏘고 칼을 쓸 뿐입니다.
다른 재주는 없으나 다만 철환을 쏘지 않는 사람이 없고, 그 쏘는 것이 빗발치듯 하여 이 때문에 그들을 제압하기가 어렵습니다."
_임진왜란 때 남원의 의병장 조경남이 쓴 《난중잡록》 중에서

임진왜란 때 왜군들은 갑옷을 입지 않았다.

이번에 새로 온 첨사가 여간 깐깐한 사람이 아니야, 별명이 '걸어다니는 오위진법'이라더군.

FM이란 소리지~

갑주를 안 갖춘 자들은 아주 호되게 굴린다더군.

헉!! 나 갑옷 없는데…

있었잖나?

정초에 투전판에서 날려 먹었네.

이런…

관아에 가서 버리는 종이가 있는지 알아보세…

…

…

겨우 한권 구했어. 핸드북 사이즈… ㅜㅜ

이걸로 어떻게 갑옷을 만들지?

사극에서는 보통 생략하지만,
조선 병사들도 갑옷과 투구를 착용했다.

고려시대까지 입다가 조선시대에
안 입는다는 게 코미디지.

조선 병사들은 쇠나 가죽 조각인 미늘을
만들어서 엮은 '찰갑(札甲)'이나

방호재를 옷 안쪽에 넣고 밖에서
둥근못으로 고정한 코트식
'두정갑(頭釘甲)'을 많이 입었는데

입기도 편하고
활쏘기도 좋아.

두정갑은 오늘날 자동차 한 대 값 수준으로
비싸다 보니 일반 병사들은 상반신만 겨우
가리는 '엄심갑(掩心甲)'을 주로 썼다.

임진왜란 당시 찰갑 (동래성 해자 출토)

오늘날에는 '흉갑(胸甲)'이라고도 부르는데
한문에서 흉갑은 '가슴속에 품은(숨긴)'
이라는 의미다.

흑심을 품은 것
아닌가?

흑심
이라뇨…

조선의 정규군인 제색군은 각자 장만해서
집에 비치해야 하는 무기가 정해져 있었다.

투구 1개

갑옷 1부

환도 1개

실전용 화살

각궁 2장

마전 2부(100개)

통전(애기살)
(100개)

나라에서 매월 점검한다고 협박은 하지만,
현실은 그러하지 못했다.

나 60세 만기전역
하는 동안 단속하는
꼴 못 봤다.

만기전역했다고
뽑게 주더라.
나 종9품이야~
ㅋㅋ

갑주는 민간에서 제조와 판매를 허용하는
물품으로 관에서도 만들어 팔았는데

비융사에서 만든
신형 철갑주 입니다.

1500년(연산군 6) *비융사(備戎司)에서
만들어서 판매한 철갑주의 가격은
면포 15필이었다.

갑옷
면포 13필

투구
면포 2필

*연산군 때 철갑주를 생산하던 관청

갑옷 착용의 주목적이 날아오는 화살을
막는 것이라서 '화살에 뚫리느냐'가
품질의 기준이었다.

합격!

화살이 뚫지 못하기 때문에
나라에선 철갑 착용을 권장했지만,
너무 무거워서 병사들이 기피했다.

무거워서
걷기도
힘들어…

또한 열전도율이 워낙 높다 보니 겨울에는
착용조차 어려웠다.

심장마비
걸린다.

198

적당한 방호력을 지니면서도 무게도 그나마 적당한 게 가죽이라서 '피갑(皮甲)'을 선호했는데

가죽 갑옷은 전세계의 공동 트렌드

무두질한 가죽을 규격대로 작게 오려서 뼛가루를 섞은 아교로 손가락 두께만큼 여러 겹 붙인 후,

멧돼지 가죽…

좀이 슬지 않게 먹칠하고 옻칠해서 만든 미늘을 불에 그을린 사슴 가죽끈으로 엮었다.

옻칠은 주기적으로 한다.

옻칠 때문에 새로 만들거나 관리를 잘한 갑옷과 투구는 자개농이나 당구공처럼 반질반질 광택이 나는데

사극에서 이를 있는 그대로 고증하면 유광 플라스틱 같다고 바로 까인다.

오래된 듯 녹슬고 빈티지 해야 갑옷이지~

가죽 찰갑도 무겁고 불편한 조선 병사들은 '종이'로 만든 저렴한 '지갑(紙甲)'을 가장 선호했다.

가볍고

따뜻해!

지갑은 가죽 대신 종이를 여러 번 접어서 만든 미늘을 피갑과 동일하게 엮어서 만든 갑옷이다.

한지는 물에 씻어서 다시 쓸 수 있을 정도로 요즘 종이와 헝겊의 중간쯤 되는 재질의 섬유인데

오늘날 방탄복이나 방탄헬멧도 특수 섬유를 여러 번 붙인 것이니, 지갑이 이상할 것은 없다.

조정에서 지갑 착용은 늘 논쟁거리였지만, 현실적으로는 사실상 허용했다.

군적 등을 개수하면서 발생하는 폐지와 수십만 장씩 발생하는 과거시험지가 지갑의 재료로 재활용됐다.

그런데 병사들은 이 지갑마저도 무게를 더 줄일 요량에 종이 사이에 짚을 넣곤 했다.

당번 때 서로 빌려가는 경우가 태반이고
병영에 비치된 것도 쓰다 보니 평상시
병영의 갑주 착용률은 높지만,

1년에 한두 차례 다 모여서 하는
진법 훈련 때는 착용률이 뚝 떨어졌다.

임진왜란 때 왜군을 따라 조선에 왔던
포르투갈 신부가 조선 병사들이 서양의
케틀햇(Kettle Hat)처럼 생긴 투구와

가슴받이를 착용했다고 기록한 것을 보면
병사들은 《세종실록》오례(五禮)에 그려진
첨주형 투구와 엄심갑을 착용한 모양이다.

갑옷이 쇠퇴하게 된 것은 총 때문이다.
조총에 갑옷이 속수무책으로 뚫리다 보니
왜란 때 갑옷 무용론이 대두됐다.

일본은 전국 시대 이후, 주 무기가 총으로
전환되면서 한·중·일 중 제일 먼저
병사들이 갑옷을 벗었다.

왜란 1년 후인 1593년(선조 26) 조선 조정이 연합군 본부에 보낸 한 달간 거둔 수급과 노획물 보고 문건을 보면

왜적의 머리나 왼쪽 귀의 합계는 2,472개인데 반해 노획한 갑주는 겨우 45개에 불과하다.

갑주는 고가품이라서 가장 먼저 챙기는 노획물이죠.

임진왜란 초반, 조선군은 왜군의 조총에 맥없이 무너졌다.

총 소리가 주는 공포심… 활을 쏠 엄두가 안 나…

※ 조총의 폭발음은 요즘 총소리보다 크다.

전쟁 전, 대마도주가 바친 조총을 시험하고 분석했지만 그 위력을 간과한 결과였다.

우리의 핸드 캐논 승자총통 보다는 편리하게 잘 만들었군.

격발 타이밍을 사수가 결정하는 건 좋은 아이디어야.

화약무기와 화포에 조예가 깊다 보니 어설픈 지식이 오히려 독이 되었다.

승자총통도 비 오면 못 써… 바람 불면 화약 넣기도 힘들고… 우리 써봐서 알잖아?

활 보다 발사 속도도 느리고… 딱히…

조총에 호되게 당한 조선은 전쟁 중 조총을 빠르게 복제하고 연구했고 이후 성능을 개량했다.

이거 빨리 좀 복제해줘!

…

초기에 주물로 *총열을 만들던 수준에서 철판을 말아가며 망치로 두드리는 단조 기법으로 강화하다가

*탄환이 나가는 쇠 파이프

유럽처럼 연철 환봉에 드릴로 구멍을 내는 '찬혈(鑽穴)'로 만들었다.

양난 이후에는 궁수 대신 조총수가 보병의 주력이 되었다.

조총은 연간 2,000정씩 생산됐는데 신미양요 무렵에는 군인 수보다 많은 15만 정의 조총을 보유하고 있었다.

민간에서도 조총이 사사로이 거래되어 사회적 문제가 되었는데

시장에서 조총과 탄환을 버젓이 내놓고 팔기도 했다.

조선 후기 민란의 시대를 그린 사극에서 보통 구군복을 입은 무관은 칼을 들고 포졸복을 입은 군졸은 당파(삼지창)를 드는데

무관은 궁시와 환도를 메고 군졸은 조총을 들고 등에 환도를 차는 게 더 맞는 고증이다.

동학농민운동 때도 동학군의 상당수가 조총을 들었고 죽창은 무기가 없거나 총을 다루지 못하는 사람들이 드는 것이었다.

하지만 총열에 강선을 넣어서 총알이 회전하면서 날아가게 하여 정확도를 높이고

장약과 탄두를 탄피에 결합한 총알을 총열 뒤에서 장전하는 라이플(rifle)로 전환하는 데 게을리하다 큰 패배를 경험하게 된다.

엎드려서 쏘는 놈이랑 총알 장전한다고 서 있는 놈은 엄청난 차이지~

...

오색 빛깔 군복 패션

사극이나 전통 행사에 등장하는 조선 병사의 모습은 늘 한결같다.
하얀 수건을 두른 머리 위에 벙거지를 쓰고, 위아래 하얀 평상복에 조끼 형태의
세 자락 원피스인 검은색 더그레를 걸친다. 더그레는 종종 앞이 트이거나 허리
뒤로 묶어서 펭귄처럼 하얀 배를 드러내 놓기도 한다.

병사의 옷 이름은 '포졸복'인데 좌·우 포도청 각 50명씩 전국에 딱 100명만 있는
포졸이 입는 옷이 이 옷을 대표하는 이름이 되었다.
사극에서 이 옷을 입은 병사가 활을 들면 궁수가 되고, 말을 타면 기병이 되고, 배
를 타면 수군이 된다. 이 복장으로 포도청에 있으면 포졸이 되고, 관아에 있으면
나졸이 되고, 병영에 있으면 군졸이 된다.

그런데 이 옷은 '군노복(軍奴服)'으로 지방 관아나 군영에서 일하는 관노비인 군노
중에서 허드렛일을 하는 가장 하급의 군노가 입은 옷이고, 조선 후기 평상복에
더그레만 달랑 걸치고 훈련에 뛰어나가던 향토 예비군인 속오군이 입은 옷이다.

조선 병사의 군복을 고증하는 건 어려운
일이 아니다. 유물은 없어도 기록이 많기
때문이다.

군복은 전기와 후기로 확실히 나뉜다.
후기는 흔히 알고 있는 포졸복 형태다.

전기는 당대에 그린 그림은 없지만,
《조선왕조실록》만 꼼꼼히 읽어도 유추할
수 있다.

평상복과 크게
다르지 않아요.

《만기요람》이라는 국왕의 정무총람에
후기 병사의 복색이 상세히 나와 있고,
무엇보다 참고할 그림이 많이 있다.

조선의 정규군을 '제색군(諸色軍)'이라고
한다. '여러 색상의 군대'라는 뜻이다.
깃발, 휘장, 군복 색으로 부대를 식별했다.

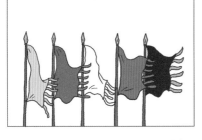

색은 방위에 따라 정해졌는데, 오방색인
황(黃, 중)·청(靑, 동)·백(白, 서)·적(赤, 남)·
흑(黑, 북) 다섯 가지 색깔을 사용했다.

부대마다 색상이 다른 것은
'진법(陣法)' 때문이다.

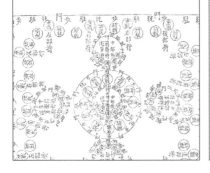

장기판의 졸(卒)로도 차(車)를 잡듯이
말 위에서 날고 기는 유목민의 기병대도

농민 잡병들아,
돌격이다~

진법 훈련이 잘된 농민군 진형에 함부로 돌격했다가는 진법에 걸려 궤멸할 수 있다.

농경 국가들은 특히 이 진법을 매우 중시했는데, 진법 훈련이 조선군 훈련의 전부라고 해도 과언이 아닐 정도다.

수많은 병사를 동시에 움직이기 위해서는 신호체계가 생명이다.

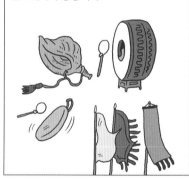

지휘하는 장수도 아군의 상황을 파악하기 위한 신호(정보)가 필요한데 가장 효과적인 게 색상이다.

전장에서 수많은 말과 군사들이 이리 뛰고 저리 뛰며 뒤엉켜 싸우다 보면 흙먼지가 하늘을 가리는데

더욱이 화약 무기를 사용하면서부터는 피아식별이 불가능할 정도가 되었다.

지휘소에서 부대의 깃발만으로는 아군의 상황 파악이 어렵다 보니 군사에게 선명한 원색 군복을 입히게 되었다.

나폴레옹 시대 전열 보병이 화려한 원색 군복을 입은 이유도 이와 같은데

당시 사용한 흑색 화약은 연기가 많이 나서 집단 사격을 하면 소독차 연기 속에 갇히는 꼴이 되기 때문이다.

뺑- 뺑! 뺑!

근대 이후, 무연 화약을 사용하게 되면서 군복색은 위장에 유리한 색으로 바뀝니다.

초기에는 오위의 각 소속을 나타내는 색과 심벌 같은 짐승 그림이 그려진 '장(章, 휘장)'을 붙여 식별하기도 했는데

중위
원형
(윗깃)

전위
삼각형
(배)

좌위
직사각형
(왼쪽 어깨)

우위
정사각형
(오른쪽 어깨)

후위
반원형
(등)

1530년(중종 25) 오위의 군복 색을 방위 색에 맞게 개정했다.

충무위 (후위)

남쪽이 앞

용양위 (좌위)

호분위 (우위)

의흥위 (중위)

충좌위 (전위)

따라서 서울은 오늘날 구에 해당하는 5부의 군복 색이 서로 달랐고

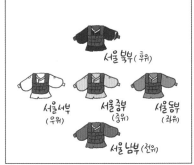

서울 북부 (후위)

서울 서부 (우위)

서울 중부 (중위)

서울 동부 (좌위)

서울 남부 (전위)

지방은 도별로 군복 색이 달라서 멀리서도 서울에 번상하러 오는 군사가 어느 지방 사람인지 대략 알 수 있었다.

전기 조선군의 군복은 당시 서민들이 즐겨 입던 외투인 무명으로 만든 '직령포(直領袍)'였다.

'직령(直領)'은 옷깃이 곧게 뻗은 품이 넓은 옷으로 영문 소문자 와이 넥(y-neck) 칼라(collar)가 특징이다.

'포(袍)'는 도포처럼 긴 옷을 말하는데 말도 타야 하는 군복이라서 무릎을 덮진 않았다.

허리띠는 '전대(戰帶)'라고 하는데 '방사주(方紗紬)'라는 당상관이나 해 입을 수 있는 고급 비단으로 만들었다.

조선군의 주력인 궁수는 보조 무기로 환도를 뒤춤에 하나씩 차고 다녔는데

환도를 매달기 위해서 값비싼 비단으로
전대를 만든 것으로 추정한다.

신축성?

왜란 전까지는 군복의 소매 폭이
넓었기 때문에 활쏘기를 위해서
소매에 토시를 착용했고

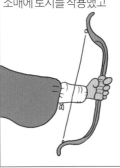

바지는 평상복을 입고, 보행이 편리하게
종아리에 '행전(行纏)'을 감았다.

신발은 짚신보다는 내구성이 좋은 삼으로
만든 미투리를 신었을 것으로 보인다.

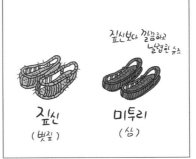

짚신보다 깔끔하고
늘씬한 슈즈

짚신
(볏짚)

미투리
(삼)

임진왜란이 터지고 조선에 온 명나라
사람들은 조선인의 패션에 기겁했다.

왜 그러시오?

소매 폭이 몸뚱이 하나가 들어갈 정도로
넓고 손이 안 보일 정도로 길었다.

명군을

환영합니다!

신분을 떠나 하나같이 재료비와 인건비가
많이 드는 커다란 입자(笠子, 갓)를 쓰고 있는
모습이 우스꽝스러웠을 것이다.

선조가 불쾌감을 드러낼 정도로 명나라
사람들은 기회만 있으면 조선 복식에
딴지를 걸었다.

> 백리만 가도
> 문화가 다른데
> 뭘 그런 거로!!

실용적이지도 못하고 물자의 낭비라고도
지적했는데 그것은 옳은 지적이었다.

> 조선인 옷 한 벌로
> 명나라 옷 세 벌은
> 만들겠소!

> 음…

임진왜란 발발 이듬해인 1593년(선조 26)
음력 9월 1일, 조선은 복식 개정을 하고
이를 공표했다.

> 핵심은 옷 소매 폭

옷의 소매를 줄이고, 평민과 노비의
갓 착용을 금하고 헝겊으로 만든 소모자를
쓰도록 했다.

> 미쳤구나!!

> 으윽…

조선인들은 명나라처럼 소매가 좁고 몸에
달라붙는 옷과, 입자(갓) 대신 모자를 쓰는
것에 수치심을 느꼈다.

> 슈퍼맨 꼴티도
> 아니고 말이야!

임진왜란이 끝나자마자 복식 개정은
흐지부지되고 옛날 스타일로 다 돌아갔다.

랄라라~

그런데 복식 개정의 흔적이 남은 옷이
있었으니 그것이 군복이었다.

이후에도
군복의 소매 폭은
좁게 유지했으니

군복과 평상복의
가장 큰
차이가 됐죠.

왜란 중, 명나라는 조명연합군의 군복을
통일하자고 했다. 한마디로 조선군에게
명나라 군복을 입히라는 소리였다.

군복을 통일
하자 해!

재정이
빠듯합니다.

명은 조선군 군복을 왜구가 두려워한
척계광의 후예인 절강성 병사의 군복으로
바꾸자는 제안도 했는데

그건 좀
솔깃하군.

북병이라고 하는 명나라 요동군은
오합지졸 양아치 군대로 조선에 민폐만
끼쳤지만,

쿡쿡!

남병이라고 하는 절강성의 군사들은
하도 용맹하고 아귀처럼 잘 싸워서
조선인들이 감탄할 정도였다.

아뵤~!!

조선 조정으로서도 이 제안이 나쁘지 않았다.

절강성 병사로 위장해서 호가호위 하는 것도 나쁘지는 않겠어.

전쟁이 소강상태에 접어들고 명과 일본의 정전협정이 한창일 때

문안인사 가서 정탐을 해야지.

연합군 진영을 들락거리던 한 왜인이 조선군을 보고 화들짝 놀랐다.

헉!!

당시 절강성 군사가 10만 명이 추가 파병된다는 소문에 왜군이 잔뜩 긴장하고 있었는데

신형 군복을 착용한 조선군을 보고 절강성 군사가 벌써 도착한 것으로 알고 깜짝 놀란 것이었다.

"왜인이 과거 평양에서처럼 남병(南兵) 10여 만이 와서 습격한다는 말을 듣고 바야흐로 의심하고 있던 참이었는데 부사(副使)에게 문안온 왜인이 우연히 그대 나라의 조련하는 많은 둔병(屯兵)이 모두 호의(號衣)와 호건(號巾)을 착용한 것을 보고는 남병이 이미 도착한 것으로 알고 매우 놀라고 두려워하였다."

_《선조실록》 1595년(선조 28년) 음력 9월 6일 자 기사 중에서

이 일이 있기 1년 전, 지방군의 호의의 길이와 색을 정비하는데, 이 때 실록에 '호의(號衣)'라는 용어가 처음 등장한다.

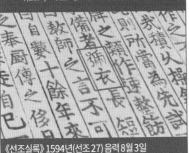

《선조실록》 1594년(선조 27) 음력 8월 3일

호의는 '신호복'으로 후기 조선군 군복의 가장 큰 특징인 '쾌자'를 말한다.

순우리말로는 '더그레'

옆이 → 터짐

쾌자는 당나라 '반비(半臂)'에서 유래한 덧옷인데, 신라 때 들어온 옷으로 당시 사대부와 선조 임금도 즐겨 입었다.

남병의 군복이 어떻게 생겼는지 정확한 모양은 알 수 없지만, 쾌자 형태였던 것은 분명해 보인다.

따라서 포졸복은 중국 절강성 남병의 영향을 받아 제도화한 옷으로 추정한다.

갓을 사랑하는 조선인의 실정에 맞게 호건은 금세 사라지고 다시 전립을 썼다.

조선은 갓이지~

전립은 대나무 살로 틀을 만들고 명주로 포를 싼 후 짐승의 털을 다져서 붙이고 먹칠과 옻칠을 한 군용 갓이다.

《만기요람》과 실록 기록에 따라 정조 대에 정비된 후기 조선군의 군복을 살펴보면

임금님 국정 업무 참고서

萬機要覽

만기요람

군복의 명칭은 '목갑협수(木甲挾袖)'로 '무명 두 겹짜리 소매 좁은 옷'이라는 뜻이다.

여기서 木(목)은 무명(목화)

여기서 甲(갑)은 우리말 '겹'을 의미한다.

조총 몇 방만 쏘면 옷이 새까맣게 되기 때문에 군복 색은 대부분 검은색 계열이다.

세 자락 덧옷인 호의는 오방색으로 나누어져 있고 오늘날 중대에 해당하는 부대 단위인 초(哨, 200명)별로 색상을 달리했다.

신호용도 외 다른 기능성은 없음.

사극에 항상 나오는 '백군복 흑호의'와 색을 뒤집은 '흑군복 백호의'는 국왕이 참배할 때 근접 호위하는 군사나 국상 기간에 시위하는 병사의 복색이다.

직령포는 깃과 동정의 색을 달리해서
연대와 대대를 구분했다.

허리에 남색 비단 전대를 두르고,
뒤춤에 환도를 찬 것과 평상복 바지에
행전을 맨 것은 전기와 같다.

훈련도감군은 전건을 썼고 나머지 군영과
지방군은 모두 전립을 썼다.

전립의 꼭대기에는 붉은 실의
상모를 달았다.

사극에서 보통 사또의 전립은 크고
군졸의 전립은 작게 묘사되는데
전립의 크기가 다르다는 기록도 없고

'화성행행도', '정주성 공위도' 등 당대에
그려진 그림을 살펴봐도 장교와 군졸의
전립 사이즈 차이가 없다.

현존하는 군졸의 전립 유물은 고종 대의 것으로 당시는 복식 개정으로 사또의 전립도 같은 크기로 작아졌을 때다.

나선정벌 때, 러시아인은 조선군을 '큰 머리'라고 불렀는데 조선군이 유별나게 큰 전립을 썼기 때문이다.

허리에는 조총에 필요한 군물을 단 군물전대를 두르고 어깨에 조총을 멘다.

장용영에 소속된 지방 향군의 군장 비용에 관한 실록 기록에 따르면

염색과 바느질 등의 가공비를 합쳐 군복의 제작 단가는 6냥 4전 8푼이었다.

원단비 (4냥)
- 군복 : 무명 64척
- 호의 : 무명 6척
염색 바느질 등의 가공비 (2냥 8푼)
남색 방사주 전대 4척 5촌 (4전)

화약통, 탄환 주머니, 귀마개 등 조총수의 군물 제작비는 3냥 7전 6푼으로

총을 제외하고 전립을 포함해서 조총수 한 명의 군장을 갖추는 데 드는 비용은 12~15냥 정도였다.

의복의 격식을 따지던 예법의 나라 조선에서 규정에 맞는 군사의 군복 착용은 지휘관의 자질을 대변했는데

군사들 호의 색깔이 선명하지 못하거나!

군기 빠진 놈!

화성 능행을 다녀온 정조는 관아 군사의 복장을 문제삼아 수령을 파직하기도 했다.

관아에 있는 군사들의 옷 소매 폭이 넓더라. 수령을 파직하라!

예비군인 속오군도 원래는 정규군과 같은 게 원칙인데 현실은 평상복에 호의만 달랑 걸치고 전립을 쓴 것으로 보인다.

사극에 나오는 포졸복은

아마 내 옷일걸?

이인좌의 난때, 진압군으로 갑자기 속오군을 징발하게 되자, 고을 수령과 향청의 양반들이 다급한 나머지

빨리 갑시다!

고을 부녀자의 청치마를 거둬서 호의를 만들고 패랭이에 먹칠을 해서 전립으로 둔갑시킨 적도 있다.

사또, 군복 안입고간 군사는 어찌됩니까?

군령에는 '목을 벤다' 라고 쓰여 있다.

조선 사람들의 최저임금은?

망한 나라는 이유가 있다. 조선 말 세도정치는 400여 년 가까이 조선을 지탱해오던 지배계층 간의 상호 견제 시스템을 완전히 붕괴하였다. 매관매직이 성행하고 양반과 관료들의 착취와 수탈은 일상화되었다. 백성의 대부분은 최소한의 생계를 유지할 정도만 벌면 더는 일하지 않았다. 열심히 일해서 돈을 모으면 양반과 관료들이 귀신처럼 알고 와서 빼앗아갔기 때문이다. 가난을 방어막으로 삼는 것이 몸과 마음이 편했다.

백성이 가난하니 나라가 가난하고, 나라가 가난하니 백성을 쥐어짜고, 백성을 쥐어짜니 백성이 스스로 가난을 선택하는 악순환이 계속되었다.

구한말은 열심히 일해도 생업에서 발생한 이익이 제대로 보장되는 사회가 아니었다. 나라가 망한 커다란 이유다.

조선 시대 사람들의 최저임금은 얼마였을까?

1727년(영조 3) 어사로 유명한 박문수가

김매기 3회, 벼베기 1회,
타작 1회 등
1회에 10명씩
연간 50명의 일손을 빌립니다.

충청도 지역 농민의 사정을 아뢰면서
농민의 품삯을 언급했는데

농번기 때 사람을 빌리는 대가는
양식으로 쌀 3되와 품삯으로 5푼이
든다고 했다.

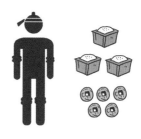

이를 쌀로 환산하면 4.5되인데 1되는
한 사람의 평균적인 하루 치 식량이다.

※ 오늘날 쌀 1되는 1804cc지만,
조선 시대에는 3분의 1인 600cc 정도다.

성인 남자가
한 끼에 7홉을 먹고

성인 여자는
5홉

아이는
3홉

을 오빠는
많이 처먹는
데?

하루
두 끼

10홉이
1되.

4인 가족의 하루 치 식량과 약간의 여유가
당시 농민의 일당인 셈이다.

콩이나 보리는 쌀의 반값이나,
배부르게 먹으려면
바꿔 먹는 수밖에…

18세기 월급 받는 말단 군인 훈련도감 군사
남기남 씨의 연봉을 살펴보자.

전립 → 금으로 미늘을 수놓음

훈련도감군은
전립을 안쓴다.

깃과 동정의 색으로
연대·대대를 구분

무명 협수
(소매 좁은 군복
검정색 아청색)

호의
(신호북·중대별로
색이 다름)

회약통
탄환

칼 총

기반

훈련도감군사

전선

그는 월급으로 쌀 9말을 받는데 1년이면 108말(7.2섬)이고 돈으로 환산하면 36냥이다.

훈련도감군은 별도로 1년에 무명 9필의 피복비가 지급되는데 돈으로 환산하면 18냥이 된다.

고로 훈련도감 군사 남기남 씨의 연봉은 54냥이다.

종9품 말단 관원의 연봉이 50냥 수준인데 조선 시대 5인 가족의 1년 생활비가 보통 50~60냥이다.

한문학자 장유승 교수의 저서 《일일공부(민음사)》에는 조선 시대 적정 최저임금에 대해 다음과 같은 구절이 있다.

'구한말 학자 김평묵(金平默)에 따르면, 당시 농가에서는 품팔이꾼에게 하루 세끼를 먹여 주고

새참 드시오!

술 몇 잔을 주고 굶주리거나 목마르게 하지 않고, 때때로 옷을 지어 줘서 추위와 더위에 고생하지 않게 하며,

거기다 부모와 처자를 먹여 살릴 정도의 품삯을 주었습니다.'

月

더운데 고생했다.

아부지~

살기 팍팍했던 구한말 사람들도

한 사람이 받는 임금은 한 가족을 먹여 살릴 정도는 되어야 한다고 여긴 것이다.

오늘날 최저임금이 과연 한 가족이 먹고 살 수 있는 돈인지 곰곰이 생각해볼 만한 대목이다.

...

죄송합니다…

조선의 노동자에게 워라밸을!

인구의 90% 가까이 농업에 종사하는 조선 사람들의 워크-라이프 밸런스는 자연이 결정해주는 것이었다. 농번기와 농한기가 명확하므로 주기적으로 적당한 휴식을 제공해주었다. 농번기라 하더라도 간간이 내리는 비는 자연스럽게 일손을 놓게 했다.

농한기라고 해서 집에서 마냥 노는 것은 아니었다. 남자들은 성을 쌓거나 군사훈련을 하는 등 농한기에 나라에서 부과하는 부역이 있었고 집에 있는 날에는 부업으로 새끼줄도 꼬고 짚신을 삼았다. 짚신은 소모품이라서 수요가 아주 많았는데 지겹고 단순한 짚신 삼기를 생업으로 하는 사람도 있을 만큼 꽤 괜찮은 부업이었다. 하지만 이것도 부지런한 사람의 얘기지, 농한기에는 마을마다 방구석에 모여서 심심찮게 노름판이 벌어졌다.
여자들은 농한기나 농번기나 노동 강도가 크게 다르지 않았다. 특히, 농한기에는 세금으로 낼 베를 짜는 게 큰일이었다.

우리나라는 OECD 회원국 중 멕시코 다음으로 노동시간이 길지만,

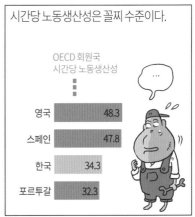

시간당 노동생산성은 꼴찌 수준이다.

OECD 회원국
시간당 노동생산성

영국	48.3
스페인	47.8
한국	34.3
포르투갈	32.3

한마디로 책상에 가장 오래 앉아 있지만,
성적은 시원찮은 학생이라는 소리다.

장시간 일하는 것을 미덕으로 삼고 열심히
일했다고 생각하던 시대는 이제 종말을
고해야 한다.

인구 대부분이 1차 생산자인 조선 시대
사람들의 노동시간은 자연이 정해주었다.

날씨에 따라서

계절에 따라서 노동 시간이 달랐다.

조선의 대표적인 샐러리맨은 녹봉을
받는 관원들이다.

관원들은 직급별로 근무 일수를 채워야 상위 품계에 오를 수 있었고 근무 일수 만큼 녹봉을 받았다.

근무 일수를 채우는 게 매우 중요했는데 공을 세운 포상으로 근무 일수를 더해주는 제도도 있었다.

요일의 개념은 없었지만, 휴일은 현대인들의 생각보다 많았는데

《난중일기》를 보면 평상시에 공무를 쉬는 날이 의외로 많다는 것을 알 수 있다.

기관별로 지정된 휴일이 있었고, 10일이나 15일마다 돌아오는 비번날 쉬었다.

225

또한 24절기가 휴일이고 설날 등
명절에는 연휴가 있었다.

고향에 부모를 뵈러 가거나 조상 묘를
살피기 위해 정기적으로 휴가를 내기도
했다.

왕, 왕비, 대비의 생일과 왕실의 제사가
있는 날은 공무를 보지 않았는데

일식과 월식이 있을 때도 부정 탄다고
공무를 피했다.

오히려 근무 일수를 채우기가 어려울 만큼

휴일은 넉넉했고 삶의 여유도 있었다.

세금 구멍을 막아라
식례횡간

황금 3백 26냥, 은 31만 8천 7백 79냥, 돈 87만 5천 1백 90냥,
명주 98동 38필, 무명베 3천 6백 41동 35필, 모시 63동 33필, 베 1천 1백 25동 7필,
쌀 33만 8천 8백 16석, 좁쌀 9천 64석, 콩 3만 9천 8백 60석, 피잡곡 8천 5백 11석

1791년(정조 15) 음력 1월 15일 각사(各司)와
각영(各營)에서 올린 지난해 회계 장부의
잔액을 취합한 액수다.

지출할 금액만큼 세금을 거두어
수입과 지출이 균형을 이루는 게 가장
이상적이지만

다음 해에 지출할 금액을 미리 계산해서
예산을 세운 후, 세금을 걷는 것은 근세
이후 국가에서나 이루어졌다.

세금을
얼마나 거두면
되는지

계산을
해볼까!

고대나 중세에는 일단 세금을 가능한 대로 거둬 국고에 쌓아두고, 필요할 때 지출하는 방식이었다.

그러면 보통 쓸 돈보다 많은 세금을 거두게 되는데 그 정도가 지나치면 수탈로 이어졌다.

조선은 건국 직후, 나라의 세입예산표인 '공안(貢案)'을 제정했는데, 이는 국가가 한 해 거둬들일 모든 세금의 장부였다.

예상 수입은 파악할 수 있었지만, 수입 규모를 알고 지출을 하게 되니

각 관서는 관행처럼 사용할 경비를 과도하게 책정하는 문제가 있었다.

때문에 필요 이상으로 많은 세금을
거두었고, 창고에 쌓인 현물은 썩어서
쓰지도 못하고 버리는 폐단이 있었다.

세종 때부터 추진한 공안의 개혁은
1464년(세조 10) '식례횡간(式例橫看)'이
제정되면서 비로소 정비되었는데

식례횡간은 각 관서의 1년 재정 운영에
필요한 세출항목과 적절한 지출량을
적은 '경비 기준표'다.

덕분에 성종 때의 공안은 세종 때의
3분의 1로 줄었는데, 그만큼 백성의
부담도 줄었다.

공안과 식례횡간을 근거로 한 재정 운영
방식은 《경국대전》에 수록되면서
법제화되었다.

하늘에서 숯이 내리다

발해는 926년 1월, 거란의 침입을 받아 멸망했다. 침공 보름 만에 무너졌고 요(遼)나라를 다룬 역사서인 요사(遼史)의 기록 외에는 당시의 상황을 알 수 없으므로 발해의 멸망은 한국사의 미스터리다.

너무 갑자기 멸망하다 보니 백두산 분화가 멸망의 원인이 아닐까 하는 가설이 주목을 받기도 했다. ※ 백두산 분화는 발해 멸망 20년 후에 발생한 것으로 밝혀졌다.

거란이 발해의 주요 방어선인 부여성을 함락한 후, 속전속결로 수도인 상경용천부를 급습해서 왕을 사로잡아 항복을 받아낸 것을 멸망의 가장 큰 원인으로 본다. 왕과 지배층이 사로잡히면서 구심점을 잃었고, 저항할 의지를 상실하고 사분오열된 것으로 지배층의 내부 분열이 있었다면 더욱 그럴 수밖에 없을 것이다.

당(唐)나라의 기습공격으로 순식간에 수도가 함락되고 의자왕이 사로잡힌 백제의 멸망 과정과 매우 흡사하다. 발해 멸망 이후, 발해의 후계를 자처하는 여러 나라가 생겨난 것을 발해부흥운동이라고 하는데 백제도 부흥운동이 일어났다는 공통점이 있다.

역사학계에서는 인정하지 않지만, 백두산 화산 폭발이 발해 멸망의 원인이라는 설은 대중들 사이에 널리 퍼져 있다.

946년 11월 백두산 화산 폭발은 기원후 세계 역사상 가장 큰 화산 폭발이라고 한다.

《조선왕조실록》에는 백두산 화산 분화를 추정할 만한 기록이 심심찮게 나온다.

1401년(태종 1) 윤3월, 적정을 살피는 일을 하는 무관인 동북면 찰리사가 함경도 단천에 숯비가 내렸다고 보고했다.

연기도 아니고 안개도 아닌 것이 온 하늘을 덮어서 어두컴컴했다면서 땅에 떨어진 숯을 조정에 보내기도 했다.

당시는 백두산까지 영토를 확장하기 전이라서 조선은 백두산 인근의 정황을 알 수 없었는데

단천은 백두산 화산 분화 시 편서풍을 타고 날아가는 화산재의 직접적인 영향을 받는 곳에 있다.

이 일은 동북면에 영구정착하려던 태조가 개성으로 돌아오는 계기가 되었다.

2년 후인 1403년 음력 1월에 갑산에
쑥재(김이 나는 재)가 비처럼 내렸고,
3월에는 동북면에 재가 비처럼 내렸다.

임진왜란 중인 1597년(선조 30) 8월 26일
함경도 삼수군에 연이어 지진이
발생하면서 성벽과 절벽이 무너졌는데

하천의 물빛이 흰색으로 변했다가
황색으로 변하고, 붉은 흙탕물이 솟아
오르다가 며칠 만에 그쳤고

두 차례 대포 소리에 쳐다보니 연기가
하늘 높이 솟아오르고 몇 아름씩이나
되는 큰 바위가 연기를 따라 튀어나와

큰 산을 넘어갔다는 등 백두산 화산
폭발의 생생한 목격담을 《선조실록》은
전하고 있다.

*솜털 같은 재비

1668년(현종 9) 음력 4월 백두산은 다시
분화했는데 하늘 주위 20여 곳이
터졌다고 한다.

가장 최근에 백두산 화산이 폭발한 것은 1702년(숙종 28) 음력 5월 14일 정오 무렵이었다.

함경도 부령과 경성에서 갑자기 천지가 어두워지더니 황적색의 불꽃 연기와 재가 눈처럼 내리고 비린내가 진동하며

마치 화로 한가운데 있는 듯 뜨거운 열기 때문에 사람들이 견딜 수가 없었는데

이 현상은 다음 날 새벽 3시가 되어서야 멈췄다.

아침에 보니 들판 가득 조개껍데기를 태운 듯한 재가 한 치 남짓 쌓였다고 한다.

당시 조선은 화산활동에 관한 지식이 없었기 때문에 괴변의 발생 지점이 백두산이라는 것조차 인지하지 못했다.

이 각박한
조선 생존기

용의 시체

1755년(영조 31) 윤지(尹志)가 나주 객사에 흉서를 붙이며 반란을 도모하려다 적발된 '나주괘서사건'을 시작으로 소론 강경파 자제들이 국왕을 비방하는 글을 쓴 '답안지변서사건' 등 소론에 의한 역모 사건이 일어났다.

역모죄로 추국장에 끌려온 신치운(申致雲)은 영조에게 다음과 같이 말했다.

"성상께서 이미 이처럼 의심하시니, 신은 자복을 청합니다. 신은 갑진년부터 게장을 먹지 않았으니 이것이 바로 신의 역심(逆心)이며, 심정연의 흉서 역시 신이 한 것입니다."

그것은 영조가 세제 시절 감과 게장을 올려서 경종을 죽였다는 '경종 독살설'을 이르는 것으로 영조를 조롱하는 말이었다.

민간에서 감과 게장은 상극인 음식으로 알려져 있다. 이 속설은 게장이 식중독을 일으키고 감의 타닌 성분이 세균의 번식을 촉진한다는 그럴싸한 논리까지 덧붙여서 돌아다닌다. 하지만 이는 과학적으로 전혀 근거가 없는 속설이다.

타닌은 오히려 세균의 번식을 막는 효과가 있는 것으로 밝혀졌다.

영조는 52년 재위 내내 경종 독살설에 시달렸는데 감과 게장이 함께 먹어서는 안 되는 음식이라면, 21세기에도 경종 독살설은 여전히 유효한 셈이다.

1720년 장희빈의 아들 경종이 33세의 나이에 즉위했지만, 병약하고 자식이 없었으며 왕자가 태어날 가망도 없었다.

노론은 소론과의 대립 끝에 1721년 연잉군(훗날 영조)을 세제로 책봉하는 데 성공했다.

더 나아가 노론은 경종이 병이 많음을 들어
세제의 대리청정까지 추진했는데

소론의 강력한 반발로 무산됐고,
대리청정을 추진한 노론 대신들은
반역으로 몰려

'신축옥사(1721)', '임인옥사(1722)'를
겪으며 처형됐고,

세제(영조)는 신변의 위협을 느낄 정도로
위기에 몰렸다.

1724년 경종이 승하하고 영조가
즉위하면서 상황은 반전됐다.

노론 정권이 성립되자 소론은 비밀조직을
결성하고 세력을 포섭해

급기야 1728년 (영조 4)에 반란을 일으키는데 이것이 '이인좌의 난'이다.

반란 세력은 일찌감치 전국에 조직적으로 괴소문과 가짜 뉴스를 살포하며 민심을 어지럽히면서 거병에 활용했는데

정말?!

가짜 뉴스의 하이라이트는 '경종 독살설'이었고, 반란 세력들은 독살설을 거병의 명분으로 삼기도 했다.

주상과 노론 놈들이 경종대왕을 독살했다~..!!

이런 쳐죽일 놈들!!

차마 정사에서 전하지 못한 가짜 뉴스들은 그 시대를 살았던 한 지방 양반의 일기장에 고스란히 적혀 있다.

일기 쓰고 자야지.

당시 경상도 고성현에 살던 구상덕은 37년 동안 거의 매일 일기를 쓴 사람인데

9월 18일

오늘 날씨... 아침에 흐리다가 오후에 갬

그 무렵 자신이 들은 소식과 소문들도 빠짐없이 꼼꼼하게 기록했다.

허황된 말이라서

나는 믿지 않지만, 적어는 둔다.

나는 꼼꼼하니까~ 후후...

일기에는 이인좌의 난 1년 전부터 많은
괴소문과 가짜 뉴스가 집중적으로 나오는데

일기에 등장하는 가장 흥미로운
가짜 뉴스는 함흥 지역 들판에서 죽은 용이
발견됐다는 소문이었다.

마치 누군가 잰 듯이 길이 18장(丈),
둘레 4척(尺), 뿔의 길이 3척이라는
구체적인 수치까지 돌아다녔다.

함흥은 태조 이성계의 고향으로
조선 왕실의 뿌리와 같은 곳이며,
용은 임금을 상징한다.

반역 목적으로 유포한 가짜 뉴스로
용의 시체는 사람들의 관심을 끌기에
딱 좋은 떡밥이었다.

백성과의 대화

군포를 내고 귀가하는 '방군수포제'(불법), 사람을 고용해서 대신 병영에 입소하게 하는 '대립제'(불법), 1인당 2필의 군포를 받고 현역 복무를 면제하는 '군적수포제'(합법), 군역의 부담을 줄이기 위해 만든 납세 제도인 '균역법'.

군역과 관련한 이러한 제도를 보면 조선은 신성한 병역의 의무를 돈으로 때우려는 백성과 이를 용인하면서 국방을 소홀히 하는 관료들이 있는 한심한 나라라는 생각이 먼저 들게 된다.

얼핏 보면 문제가 많아 보이는데 전체를 조망해서 보면 조선의 군역 제도가 누구나 군대에 가야 하는 것에서 점차 나라에 세금을 내고 그 세금으로 고용한 사람이 군대에 가는 방식으로 변화하는 과정이라는 것을 알 수 있다.

임진왜란 이후, 5군영이 신설되면서 중앙군에 상시 급료병인 직업군인 제도가 도입되었고, 지방 군영의 현역 복무자도 복무기간의 급료를 지급하는 방식으로 바뀌었다.

1750년(영조 26) 당시 양인 농민이 져야 하는 '군역제'는 가장 고질적인 폐단이었다.

양난 이후, 신분제가 동요하고 농업 생산력의 발달로 지주제가 확대되면서 양인 농민의 경제 사정이 악화했는데

이 시기의 국방력 강화는 제도적으로나 사회·경제적으로 많은 허점과 모순을 드러냈다.

군역제의 모순을 해결하기 위해 여러 개혁방안이 검토됐지만, 해결되지는 못하고 있었다.

영조 즉위 이후에도 20년 가까이 논의를 했지만, 논쟁만 있을 뿐 합의에 이르지 못했다.

의견이 워낙 분분하다 보니 영조는 도성에 사는 백성에게 직접 묻기로 했다.

'임금이 묻는다'라는 뜻의 '순문(詢問)'은 보통 신하를 대상으로 하는 것이었다.

나라에 큰일이 있을 때, 전직 관료나 사대부에게 의견을 묻는 예는 있지만, 평범한 백성은 대상이 아니었다.

1750년(영조 26) 음력 5월 19일, 영조는 창경궁 정문인 홍화문(弘化門) 앞에서 양역에 관해 백성의 의견을 물었다.

'백성과의 대화'는 음력 7월 3일 한 차례 더 있었고 2년 후 '균역법(均役法)'이 확정되어 시행되었다.

균역법은 군역 대신 내는 베를 2필에서 1필로 줄이고 부족한 세수는 다른 여러 방법으로 충당한 제도다.

1752년(영조 28)부터는 왕이 친히 광통교에 나가서 백성에게 청계천 준설에 관한 의견을 묻기도 했는데

241

지속적으로 소통하며 청계천 준설의 필요성을 설득하며 치밀한 계획을 세워
공사를 준비했고, 1760년(영조 36) 57일간 연 인원 21만 5천여 명을
동원해 준설공사를 완료했다.

상류에 사는 백성들도 '동포를 위해
당연히 해야 할 일'이라면서 기꺼이
나설 정도였다니

공감을 끌어내기 위한 영조의 노력이
상당했다는 것을 알 수 있다.

상인들도 수시로 불러 어려운 일이 없는지
직접 물었는데 이를 '공시인순막(貢市人
詢瘼)'이라 한다. ※ 공시인순막은 제도화됐다.

성 쌓기는 성과급으로

1993년 병장의 월급은 11,300원으로 당시 짜장면 네 그릇을 겨우 사 먹을 돈이었다. 세월이 흘러서 지금은 많이 오르긴 했지만, 여전히 최저임금의 절반도 안 되는데 그 돈조차 너무 많다고 불만인 사람들이 있다.

하지만 이는 조선 시대 병역 의무자들보다도 형편없는 임금이다.
조선의 현역 복무자인 '정병'은 순번(5~7교대)을 정해 2~3개월씩 교대로 복무했는데 복무기간 동안 보인에게 한 달에 면포 한 필씩을 받았다.
쌀 한 섬의 시세가 보통 면포 두 필이기 때문에 쌀로 환산했을 때, 보인이 한 명인 보병은 한 달에 반 섬, 보인이 두 명인 기병은 한 섬을 받는 셈이 된다.
군대에서 먹고 자는 건 자부담이라서 경비가 들고, 남겨진 가족의 생계까지 고려하면 그리 많은 돈은 아니다.
그래도 대한민국 병역의무자들보다는 많이 받았다.

'병역의 의무'는 나라가 싼값에 국민을 부려먹으라고 준 권한이 아니다.

유네스코 세계문화유산이기도 한
'수원 화성'은 조선 성곽 건축의 백미다.

동서양 성곽 축조 기술을
집대성한 걸작으로

건설 과정도 매우 혁신적으로
업그레이드되었다.

성곽 축조 백서인 《화성성역의궤》역시
유네스코 세계기록유산으로, 오늘날에도
100% 성곽 복원이 가능할 정도로
모든 과정을 꼼꼼하게 기록으로 남겼는데

당시 시대상을 연구하는 데도 크게 도움이
되는 매우 소중한 유산이다.

사용했던 빗자루와
밥주걱 개수까지
다 적어놨더라-

《화성성역의궤》에는 성을 쌓는 데 동원된
백성의 명단과 임금 지급 내용이 있다.

파주 사는
김큰놈이 120일째
2전 5푼.

형님.
주막 갑시다!

예로부터 나라에서 성을 쌓을 때 동원되어 부역하는 것은 백성의 당연한 의무였고

수천 년 동안 나라가 무임금으로 노동력을 징발하는 것도 당연한 것이었다.

조선시대에는 부역하는 백성에게 가족이 하루 먹을 분량의 '요미(料米)'를 주기도 했지만, 구휼 차원이지 엄밀히 말해 노임은 아니었다.

하지만 정조가 수원 화성을 축조할 때는 제공하는 기술에 따라 차등 있게 정당한 노임을 주었다.

※일당표

 목수 : 4전 2푼

 석공 : 3전

 잡부 : 2전 5푼

245

잡부로 일해도 하루 2전 5푼을 받았는데
당시로는 꽤 많은 일당이었다.

심지어 단순 일당이 아닌 성과급제라서
일한 만큼 돈을 받았다.

노동 강도는 세서 힘은 들었지만,
돈 버는 보람이 있었다.

나라의 공역에 정당한 노임을 지급한다는
것은 당시로선 가히 혁명적인 발상의
전환이었다.

그 후, 나라의 공역에 노임을 주는 것이
관례화되었다.

상언과 격쟁

백성 박필관(朴弼寬)이 신문고를 쳐서 아전과 백성들이 계(契)를 맺는 것, 상민과 천민들이 거짓으로 족보를 만드는 것, 소를 기준 없이 도살하는 것, 소나무를 함부로 베는 것 등을 금지시키도록 청하였다. 또 토호들이 많은 것을 소유하는 폐단을 말하면서 노비는 30구 이상을 넘지 못하게 하고 토지는 30결 이상을 넘지 못하게 하고, 군인에게 베를 거두는 것도 20자를 넘지 못하게 하도록 청하니, 전교하기를

"정전법(井田法)은 먼 옛날 일이고 한전법(限田法)은 가장 옛 제도에 가까우나 오직 동한(東漢) 시대에만 시행하였다. 토호들이 많은 것을 소유하는 것은 억제하기 어렵다. 토지를 30결을 기준으로 한정하는 것과 노비를 30구로 한정하자는 말은 그 말이 좋지 않은 것은 아니나, 시행할 방책을 강구하지 않고 갑자기 제한하는 명부터 내린다면 도리어 소란만 초래하게 될까 염려된다. 베를 거두는 것은 더욱 받아들일 수 없는 의견이다. 다만 계를 맺는 것과 거짓 족보를 만드는 것과 소를 잡는 것과 소나무를 베는 것과 같은 문제는 모든 도에 엄히 금지하도록 신칙하라." 하였다.

《정조실록》 1791년(정조 15) 1월 22일 기사

백성들이 임금에게 억울함을 호소할 때 사용되었다는 신문고는

현실적으로 치기 어려운 북이었다.

신문고가 폐지되고 평민과 천민들이 임금에게
억울함을 알리는 합법적인 수단으로는
'상언'과 '격쟁'이 있었다.

상언(上言)은 상소와 달리 일반 백성
누구나 임금에게 전할 수 있는 문서고

격쟁(擊錚)은 글을 모르는 백성도 임금의
행차 시, 징이나 꽹과리를 치며 억울함을
호소할 수 있는 제도였다.

어가 행렬에 상언과 격쟁을 전담하는
관리가 따라다니면서 백성의 민원을
접수했는데

접수된 민원에 대해 해당 기관은 3일
이내에 임금에게 결과를 보고해야 했고,

필요하면 어사를 파견해서 검증했다.

현군인 정조는 재임 중 상언과 격쟁을
매우 적극적으로 받아들였는데 그 횟수가
4,400여 건에 이른다.

1791년 1월, 정조의 능행길에 한 사람이
꽹과리를 치며 행렬에 뛰어들었다.

그는 흑산도 주민 김이수였는데

흑산도에 닥나무가 사라져서 더는 종이를 만들 수 없는데도
주민들이 종이를 만들어 나라에 바쳐야 하는 부당함을 호소했다.

지방 관아를 통해서는 민원을
해결할 수 없었기 때문에

흑산도 주민의 여망을 모아서 천릿길
한양까지 오게 된 것이었다.

넉 달 후, 청원은 깔끔하게 해결되었다.

*훈련도감에서 군수품을 맡아보던 관청

관료들은 사회기강을 어지럽힌다 하여

종종 격쟁의 폐지를 주장하기도 했지만,

임금과 백성의 소통 수단인 상언과 격쟁
제도는 조선 내내 유지되었다.

폭염에서 살아남기

다산 정약용은 '소서팔사(消暑八事)'라는 시를 통해 자신이 한여름 더위를 식히는 여덟가지 방법을 소개했다.

1. 솔밭에서 활쏘기　　　　　　松壇弧矢(송단호시)
2. 회나무 그늘에서 그네 타기　　槐陰鞦韆(괴음추천)
3. 빈 정자에서 투호놀이 하기　　虛閣投壺(허각투호)
4. 깨끗한 대자리에서 바둑 두기　淸簟奕棋(청점혁기)
5. *서지에서 연꽃 구경하기　　　西池賞荷(서지상하)
6. *동림에서 매미 소리 듣기　　東林聽蟬(동림청선)
7. 비 오는 날에 시를 암송하기　雨日射韻(우일사운)
8. 달 밝은 밤 물가에서 발 씻기　月夜濯足(월야탁족)

*서지(西池): 서울 서대문구 천연동에 있던 연못
*동림(東林): 서울 종로구 낙산공원

폭염이 계속되면 임금이
특별히 챙기는 사람들이 있었다.

날이
더워서
걱정이구나.

형조가 관장하는 전옥서(典獄署)를 비롯한
여러 감옥에 갇힌 죄인들이었다.

감옥은 폭염에 매우 취약해서 사망자가
속출하는 경우가 많았다.

그래서 감옥의 위생 점검을 실시하고
구류하는 인원수를 조정하기도 하며

《경국대전》에 따라 빙고에 보관하는
얼음을 죄인에게 지급했다.

이는 죄인도 백성이라는 인본주의 사상
때문만은 아닌데

조선 시대의 감옥은 재판하는 과정에서
미결수를 구류하는 오늘날 구치소와
같은 곳이기 때문이다.

나라에서 형을 집행하기 전에 죄인이
죽는 것도 문제지만,

혹시라도 무죄인 사람이 수사나 재판 과정에서 죽는 것은 더 큰 문제였다.

무고한 사람을 옥에 가두어 죽이다니!!…

열대야에 잠 못 드는 백성들은 돗자리와 죽부인 등 여름용품을 사용했는데

부인

덥구료…

나도덥쏘

등나무 덩굴로 만들어 옷이 몸에 닿지 않아 통풍이 잘되는 '등등거리'라는 내의도 있었다.

등나무 자체가 시원해~

그래도 여름에는 부채만 한 도구가 없는데,

…

헥! 헥! 헥!

여름이 시작되기 전인 단오에 부채를 선물하는 풍습이 있었다.

특히 접었다 펼 수 있고 쓰임새가 많은 접부채는 양반들의 패션 아이템이기도 했다.

햇볕도 가리고~

얼굴도 가리고~

때리기도 좋고~

…

뽈로 외곽을 두르기도 하고, 옻칠하고 장식을 하는 등 지나치게 화려해지는 바람에

1794년(정조 18)에는 뿔로 기교를 부린 접부채, 합죽선, 옻칠한 부채를 금지하고 사용과 판매도 단속했는데

당시 부챗살의 길이와 살의 개수, 종이를 접는 간격까지 깨알같이 규제했다.

사치 풍조를 막는 이유도 있었지만, 실질적인 이유는 대나무를 보호하기 위해서였다.

어린아이를 구하라
자휼전칙

조선 시대 아이들은 아침에 눈을 뜨면 우물에 물을 길으러 갔다. 집집마다 우물이 있는 것이 아니라 마을 공동 우물에 가서 물을 길어 오는데 우물에는 또래의 아이들이 물통을 하나씩 들고 줄을 서서 차례를 기다리고 있었다.

바쁜 엄마를 대신해서 동생을 돌보거나 땔감으로 쓸 나무를 주워 오거나 조금 크면 소 풀을 먹이러 가기도 하는데 그래도 아직은 동무들과 뛰어노는 시간이 많다.

초등학교 들어갈 나이가 되면 본격적으로 농사일을 거들게 되고 15세에 성인식을 한다. 성인이 되면 아이라서 반품만 받던 품삯도 1품으로 제값을 받게 된다.

1783년(정조 7) 음력 11월 5일. 정조는 9개 조항으로 된 칙령인《자휼전칙》을 반포했다.

※ 칙령 : 임금의 명령으로 법의 효력이 있다.

여기서 자(字)는 글자가 아닌 기른다는 뜻으로

《자휼전칙》은 기르고 (字) 구휼하는 (恤) 법이다. (典則)

字恤典則

흉년에 굶주리는 고아와 유기된 유아를 구호하는 방법을 규정한 법이다.

1항에 구호 대상과 기간을 규정했는데, 흉년에 걸식하는 10세 이하의 아이와

풍흉에 상관없이 평상시에 유기된 3세 이하의 유아가 대상이었다.

2항은 발견된 아이가 의탁할 곳이 없는지 검증해서 보호자가 고의로 유기나 걸식을 시키는 행위를 막는 조항이다.

3항에 고아들이 머물 장소와 급식 기준을 정했는데, 진휼청과 사창 밖에 따로 움집을 만들어서 수용했고

나이에 따라 적절한 양식을 지급했다.

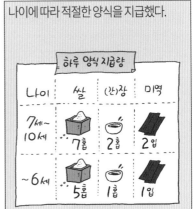

하루 양식 지급량

나이	쌀	(간)장	미역
7세~10세	7홉	2홉	2입
~6세	5홉	1홉	1입

4항에 유기된 유아 발견 시 수습하고 진휼청으로 이송하는 절차를 규정했고

5항에는 유아에게 젖을 먹일 유모를 구하는 방법과 유모에게 지급할 양식의 양을 규정했다.

6항은 입양, 혹은 아이가 원할 때 노비가 되는 절차와 사후 발생할 분쟁에 대비한 법적 근거에 대한 것이다.

7항은 구호 아동과 유아의 관리 감독에 대한 사항이다.

8항은 아이와 유모에게 적절한 옷을 지어주고 혜민서를 통해 질병을 치료할 것을 명시한 조항이다.

마지막 9항은 아동을 구호할 고을의 관할을 규정하고

비용과 보고 절차, 감사와 처벌의
규정을 담았다.

흉년에는 모두가
굶주리는데
누구를 구제하고
말고 하겠소.

다만

그중 가장 가엾게 여기고
도와야 할 사람이
어린아이들이오.

미처 갖추지 못한
절목은 점차 연구하고
다듬어서 빈틈이
없게 하시오.

분부대로
하겠사옵니다.

《자휼전칙》은 한문본과 한글본이
함께 묶인 책으로 만들어져서
전국에 배포되었는데

당대의 한글을 연구하는 데 도움이 되는
중요한 사료이기도 하다.

0.001% 바늘구멍 과거에 통과하라!

1729년(영조 5) 음력 3월 29일,
경상도 고성 현령 양취달(楊就達)은 향교와 서원에서 공부하는 유생들을 한자리에 모이게 했다. 모인 유생들은 자리에 종이가 한 장씩 놓인 것을 보고 백일장이 열린다고 생각했다.

"받아쓰기를 할 것이다. 지금부터 내가 불러주는 말을 그대로 종이에 적어라."

"나는 양반의 후예지만, 글과 학문에 힘쓰지 않아 사또가 불러주는 말도 받아적지 못하여 군대에 편입하게 되었으니, 누구를 원망하고 누구를 탓하리오."

사또가 공부 안 하는 양반의 자식을 군적에 넣기 위해 꾀를 낸 것인데 유생들은 사또가 불러준 받아쓰기 문장에 충격을 받았다.
잠시 후, 유생들은 사또의 말을 받아적지 못한 동료 유생이 매우 많다는 사실에 한 번 더 충격을 받았다.

1800년(정조 24) 음력 3월 21일.
그날은 정조가 경기도 구리에 있는
동구릉에 능행을 다녀온 날로

국가의 경사가 있을 때 시행하는 부정기
과거 시험인 정시(庭試)의 초시(初試)가
열렸다.

출제 범위가 다소 좁고 당일에 합격이
발표되는 시험이라서 많은 인원이
과거에 응시했다.

문과는 예조 등 3곳의 시험장에서 나뉘어
치러졌는데

응시자가 모두 111,838명이고,
제출한 답안지는 38,614장이었다.

1. 예조 (광화문 인근 도로)
   32,598명

2. 비천당 (성균관 인근 도로)
   39,870명

3. 명륜당 (성균관 인근 도로)
   39,370명

무과도 훈련원 등 3개의 시험장에서
나뉘어 치러졌는데 응시자 수는
모두 35,891명이었다.

다음 날, 춘당대에서 문과의 인일제(人日製)
시험도 열렸는데

103,579명이 응시했고 제출한 답안지의
수는 32,884장이었다.

'시험의 왕국'이라 할 만큼 엄청난 규모의 인원이 과거에 참여했다.

십여만 장에 이르는 답안지는 갑옷 만드는데 재활용 합니다.

문무관료를 선발하는 문과와 무과는
초시(初試) - 복시(覆試) - 전시(殿試)
3단계 시험으로

초시	복시	전시
관시(성균관유생) : 50명 한성시(서울) : 40명 향시(지방) : 150명	33명	성적에 따라 종6품~ 종9품

인구 비례 배분

전국 수만 명의 응시자 중 달랑 240명을 뽑는 초시만 해도 경쟁률은 상상을 초월했다.

초시에 입격해야 증손자까지 양반 타이틀을 유지할 수 있소.

김초시

실패하면 ~ 평민이 되는 거지.

초시를 통과한 사람들만 치르는 2차 시험 복시에서 33명을 뽑고

복시에 뽑혀야 비로소 '급제'를 하는 겁니다.

초시는 합격을 뜻하는 '입격'

마지막 전시는 등위 결정 시험으로
문과는 책문, 무과는 격구를 치러
성적순으로 품계를 내렸다.

문과(대과)와는 별개로 생원시·진사시 등의 소과가 있었다.

소과를 통과해야 대과 응시 자격이 생긴다는 건 잘못된 상식이죠.

바로 대과 응시해도 ~ 됩니다.

그런가.

소과는 원래 성균관 유생을 선발하는 시험이었는데 점차 벼슬길에 나설 뜻이 없는 사람들도 응시해서

양반의 지위를 유지하고 영예를 얻기 위한 시험으로 변모했다.

조선에서 과거 급제의 합격률은 0.001% 미만이었다. ※ 문과의 경우

조선은 임진왜란 때 유능한 무관을 많이 잃으면서 한때 무관 품귀현상을 겪기도 했다.

양난 이후, 국방의 중요성을 인식하면서 무과 급제자의 수를 많이 늘렸는데 이는 결과적으로 무과의 가치가 하락하는 현상으로 나타났다.

모자의 나라

대한제국은 1909년 4월 1일부터 새로 민적법(民籍法)을 시행했는데 이는 근대적인 호적제도의 효시다. 이 땅에 사는 천한 신분의 사람들이 성과 본관을 갖게 된 것도 이 무렵이다.

1909년 민적법에 따라 대대적인 호구조사를 실시했고 경술국치 직전인 1910년 5월에 민적통계표를 발표했다.

이 통계에서 흥미로운 점은 호주(戶主)의 직업을 11개로 분류해서 조사했는데 직업별 비율(%)은 관공리(0.5), 양반(1.9), 유생(0.7), 상업(6.2), 농업(84.1), 어업(1.2), 공업(0.8), 광업(0.05), 노동자(2.4), 기타(1.2), 무직(1.1)이었다.

※ 김영모의 《조선 지배층 연구》에서 취한 자료인데 합계 100.15%로 오류가 있다. 민적통계표 자체에서 종종 오류가 발견된다.

신분제는 갑오개혁(1894) 때 폐지되었지만, 이후로도 꽤 오랫동안 존속했다. 1910년 민적통계표에 따르면 기와집에 살면서 많은 토지를 소유하고 머슴을 부리면서 글이나 읽으면서 생활하는 전통적인 양반의 비율은 인구의 3% 수준이었다.

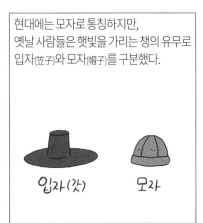

현대에는 모자로 통칭하지만, 옛날 사람들은 햇빛을 가리는 챙의 유무로 입자(笠子)와 모자(帽子)를 구분했다.

입자(갓)　모자

입자인 '갓'은 대나무나 갈대 등의 살을 엮은 챙이 있는 모자를 통칭하는 말인데

흑립　초립

주립 (시유 등의 무인이 쓰던 붉은 입자)

전립 (군용, 짐승의 털을 다져서 만듦)　빙립 (삿갓)

점점 양반이 주로 쓰는 검은색 갓인
흑립(黑笠)만을 지칭하는 말이 되었다.

윤기
정태 ↔
대우
양태
합사

우리 역사상 문헌에 갓이 처음 등장한
것은 《삼국유사》에 신라 제38대 원성왕이
되는 김경신의 꿈 해몽에 대한 설화다.

헉!
꿈이었어…

〈삼국유사〉 제2기이

선덕왕이 후사 없이 죽자, 재상 서열 2위인
상대등 김경신은 서열 1위인 김주원과
왕위 다툼을 벌였다.

보통 꿈이
아닌데…

로또라도
~ 사야 하나?

하루는 김경신이 복두를 벗고 흰 갓을
쓰고, 가야금을 들고 천관사 절의 우물에
들어가는 꿈을 꾸었는데

…

왕이 될 꿈이라는 아찬 여삼의 해몽에
따라 북천신(北川神)에게 제사를 지냈더니

복두를 벗은 것은 위에 다른사람이
없다는 것이고

흰 갓은 면류관을 뜻하며

십이현금(가야금)은
12대손까지
왕위를…

천관사
우물은
궁궐이죠.

북천(알천)의 물이 불어서 왕위 내정자
김주원이 건널 수 없게 되었고,
결국 김경신이 왕이 되었다는 이야기다.

月

하늘이 김주원의
왕위를 막고
있는 겁니다.

그럼 대왕은
김경신

문헌에 앞서 5세기 고구려 감신총 고분 벽화에 갓을 쓴 수렵인 그림이 있다.

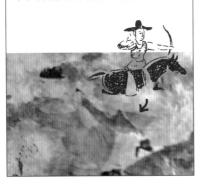

고려 후기부터 성인 남자의 관모(冠帽)로 왕골이나 대나무 살로 엮은 갓인 초립이 널리 쓰였는데

원나라 호복을 벗고 옛 복제로 돌아간다!

공민왕

조선에 이르러 초립은 예술의 경지에 이른 공예품인 흑립으로 발전하게 된다.

'양반 갓'으로 불리는 흑립은 실처럼 가는 대나무 살을 엮고 명주를 붙여 먹칠한 양태와

죽사를 엮어

명주를 씌우고

오려서

먹칠을

양태 완성!

말총 등의 재료로 만든 총모자를 결합해 옻칠한 갓으로, 갓집에 넣어서 보관할 정도로 소중한 남성 패션 아이템이었다.

총모자

양태

♬

빈빈빈

갓의 모양과 크기는 시대별로 달랐는데 사극에서 흔하게 보는 갓은 영·정조 시대의 갓이다.

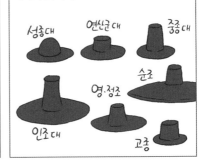

성종 대   연산군 대   중종 대

순조

영·정조

인조 대

고종

양태의 너비가 무려 1m에 이르러서
방문을 드나들 때 갓이 걸리고

양반 둘이서 대각선으로 방에 앉아야 할
정도로 큰 적도 있었는데, 흥선대원군이
서양의 중절모 크기로 개혁했다.

양반이 아니더라도 양인 신분이면 흑립을
쓸 수 있지만, 천인 계급은 패랭이만 쓸 수
있었는데

백정의 패랭이를 없애라는 것이 동학
농민운동의 주요 요구 사항이기도 했다.

갑오개혁 이듬해인 1895년,
천인 계급의 흑립 착용을 허용했다.

갓은 조선을 주변국과 구분하는
독창적인 모자로 조선을 상징하는
대표 이미지이기도 하다.

눈 위를 달리는 말?

2018 평창 동계올림픽 기념주화에 우리나라 전통 스키인
'고로쇠 썰매'가 새겨져 있다.
고로쇠 썰매는 강원도 산간 지역에서 눈이 왔을 때
사냥과 이동수단으로 활용했다.
알파인 스키와 많이 닮았다.

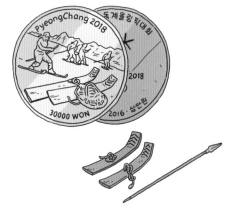

겨울철 강원도 산간 지역에서 스키처럼
눈 위를 달리던 고로쇠 썰매는

고로쇠 나무로
만들어요

일반 스키보다 짧고 구조가 단순해서
특전사에서 훈련할 때 활용하기도 했다.

썰매는 지역에 따라 설마, 설매, 서르매 등으로도 불렸는데

국어사전에는 썰매의 어원이 한자어 '설마(雪馬)'에서 왔다고 되어 있다.

하지만 썰매를 뜻하는 '橇(취)'라는 한자가 이미 존재하고

설마(雪馬)는 오직 우리나라에서만 썼던 한자어이며

썰매의 또 다른 한자어인 '설응(雪鷹)'이 있는 것으로 보아

우리말 썰매를 설마(雪馬)로 음차한 것으로 보기도 한다.

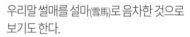

썰매는 겨울철 아이들의 놀이기구로 많이 썼지만, 운반구로도 활용했다.

《세종실록》에는 함길도(함경도) 감사가 길주 이북 지역에 눈이 많이 와서 썰매로 미곡을 날라 구휼했다는 보고가 있고

《연산군일기》에는 서정도원수 성준이 눈이 많이 올 때 신기전 화차(火車)를 썰매에 올려 이동시킨 경험을 말하면서

'화차를 배 위에 배치하자'고 제안했다는 기록이 있다.

《인조실록》에는 얼음이 녹기 전에 썰매로 압록강 연변 고을의 비축미를 의주까지 옮기자는 비변사의 제안이 실려 있다.

수원 화성 축조나 궁궐 수축에도 운반구로 썰매를 활용했다는 기록이 남아 있다.

한강이 꽁꽁 얼었구나.

나리, 어디까지 가십니까?

짐도 있으신데, 저희 사륜구동 4WD 썰매 한번 타시겠습니까?

인조 때 문신 장유(張維)의 시문집인 《계곡집》에는 '썰매'라는 시가 있는데

'사족구동'이구먼

으라차차!

동작진에서 노량진까지 썰매를 탄 후, 장난기가 발동하여 쓴 오언시다.

갈기도 없는데 어찌 말이라 칭했으며, 얼음 위를 달리는데 는 설 자는 왜 붙였노.

천둥이 울리듯 다리는 온통 들썩들썩~ 번개가 내려치듯 는 앞은 아찔아찔~

빠라바라 빠라바~

한강이 얼어서 나룻배를 활용할 수 없을 때는 썰매가 그 기능을 담당했던 것으로 보인다.

천금같은 이 내 몸 감히 경솔히 내맡기랴 만사는 어찌 될지 알 수 없는 일

모내기를 금지하라

쌀은 옥수수, 밀과 함께 세계 3대 주요 곡물이다.

세계 쌀 생산량의 약 90%가 아시아 지역에 집중되어 있고 세계 인구 40%의 주식이다. 한반도에서 약 4,000년 전부터 벼를 재배하기 시작하면서 가장 중요한 식량 작물로 정착했다.

쌀은 재배가 쉬우며 다른 작물에 비해 단위 생산량이 많고 영양적으로도 매우 우수한 작물로 오랜 세월 주식으로 활용되었는데 쌀이 오래도록 사랑받은 결정적인 이유는 '질리지 않아서'였다.

도정 과정에서 왕겨만 벗겨내고 덜 깎은 현미가 현대사회의 건강 식단으로 주목을 받는다. 하지만 백미보다 맛이 없고 소화가 잘 안 되는 단점이 있다.

현대에는 다양한 음식으로 많은 영양소를 섭취하니 체중 관리나 당뇨 환자의 혈당 관리 목적이 아니라면 구태여 밥맛을 포기하면서까지 현미를 고집할 필요는 없다.

조선 시대 사람들은 쌀을 현미와 백미의 중간 정도로 도정해서 먹었는데 밥맛 때문에 아예 백미를 먹거나 백미에 더 가깝게 도정하는 사람들이 많았다.

부지런히 농사만 지으면 되니 적어도 취업 걱정은 없었을 것 같은 조선 시대 농민들도

심각하게 일자리 걱정을 하던 때가 있었다.

이제 뭘 해서 먹고 사나…

원인은 '이앙법' 즉, 모내기였다.

조선 전기에는 벼를 재배할 때 주로 밭에 씨를 바로 뿌리는 직파 재배를 했다.

초기 생육에 성공한 모를 옮겨 심는 모내기는 이미 오래전 도입되었지만,

다 죽었어요.

밭벼랑 논벼는 종자가 다르다니까

나라에선 모내기를 금지했는데

모내기 하지 마라니까!

이 늙아, 와서 못줄이나 잡아!

수리시설이 확보되지 않을 경우, 봄 가뭄으로 모내기 시기를 놓치면 한 해 농사를 완전히 망치기 때문이다.

올해 벼농사

종쳤다

쩌억-

조선 후기, 보와 저수지 등 수리시설이 확충되면서 남부지방부터 모내기가 확산되었다.

이앙법은 단위 생산량이 훨씬 높았고 추수 후 보리를 경작하는 이모작도 가능했다.

벼농사에서 가장 고달프고 일손이 많이 필요한 게 잡초를 제거하는 김매기인데 모내기를 하면서 노동은 반 이상 줄었다.

1인당 경작 능력이 배 이상 늘어나니 적은 노동력으로 넓은 토지를 경작하는 '광작'이 유행했다.

소작조차 얻을 수 없는 잉여 노동력이 된 농민은 일자리를 찾아 농촌을 떠나 도시나 광산으로 가야 했다.

잉여 농산물 유통이 활발해지면서 상업이 발달하게 되었고, 소작인 간의 경쟁으로 소작인의 몫이던 이모작 보리 등의 수확을 지주와 나누게 되면서 농민의 삶은 더욱 고단해졌다. 광작은 상업의 발달, 계층 간의 불평등 심화 등 조선 사회의 구조를 크게 변화시켰다.

산불 예방 대작전

부산에서 함경북도 온성까지 이어지는 국도 7호선은 태백산맥 동쪽과 함경산맥 남동쪽의 해안과 가까운 저지대에 걸쳐 있다.
국도 7호선이 통과하는 이 좁고 긴 저지대 지역은 배를 타든 말을 타든 쉽게 오갈 수 있어서 역사적으로 하나의 문화권을 형성하고 있다.

《삼국사기》 신라본기 초반의 기록을 살펴보면 신라는 이 길을 통해 낙랑(옥저)과 말갈의 공격을 많이 받았는데, 신라가 강성할 때 역시 이 길을 타고 함경북도까지 진출했다.
삼국 시대의 '7번 국도'인 셈이다.

1804년(순조 4) 음력 3월 12일, 강원 감사가 올린 장계에 조정은 충격에 빠졌다.

9일 전(3월 3일)에 산불이 나서 삼척 등 여섯 고을의 민가 2,600여 채가 타고 61명이 사망했다는 보고였다.

사흘 후, 함경 감사의 장계도 도착했는데

같은 날 산불로 안변에서도 민가 233채가 탔다고 알려왔다.

안변 추가 TT

안변
통천
고성
간성
양양

강원·함경 양도의 민가 2,833채와 61명의 희생자를 낸 조선 역사상 최악의 산불이었다.

불덩이가 날아다닌다!!

이에 *위유어사(慰諭御史)로 파견된 홍문관 교리 홍석주의 마음은 무거웠다.

*천재지변 등이 있을 때 백성을 위로하기 위해 파견된 직책

안변에도 산불이…

이런!!…

그는 열 달 전 함경도에서 발생한 화재 때도 위유어사로 간 적이 있었다.

참담하구나…

연천 홍석주
조선 10대 문장의 대가.
훗날 정승에 이르러서도
평민과 다름없는 검허한
성품을 지닌 인물

1803년 (순조 3) 음력 4월 중순 함경도 감영이 있는 영흥(금야군)에 화재가 발생했는데

1600년 (선조 33) 함흥에 있던 감영을 영흥으로 이전했어요.

읍성 서문 밖 민가의 화재가 강풍으로
번지면서 성 안팎의 민가 2,675채를
태우고 15명이 사망한 대형 화재였다.

1,500여 건의 지진 발생도 빠짐없이
기록한 《조선왕조실록》이지만,
산불 화재에 대한 기록은 의외로 적다.

대형 산불만 13건 정도 있는데,
모두 봄철 태백산맥 동쪽 해안 고을에서
발생한 산불이다.

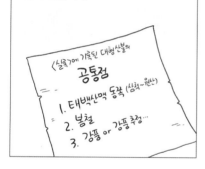

영동지역의 산불은 '*양간지풍(襄杆之風)'
이라는 국지성 강풍 때문에 종종 대형
산불로 확대되기도 하는데

*양간지풍 : 양양과 간성 사이에 부는 바람

봄철 영서지방의 찬 공기가 태백산맥을
넘는 과정에서 고온 건조한 성질로
바뀌면서 풍속이 빨라진다.

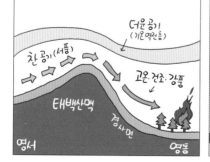

조선 시대에는 사냥을 하거나, 화전농업을
하기 위해 산에 불을 놓는 경우가
많았는데 이는 산불의 주요 원인이었다.

당시에는 산불이 발생하면 진화하기
힘들었기 때문에 예방과 단속에
주력했는데

산지기를 두어 벌목과 산불을 단속하고
산속 주요시설에는 해자를 만들고
'화소(火巢)'라는 방화구역을 만들었다.

한양 주변의 네 산에는 '사산감역(四山
監役)'이라는 4명의 무관이 배치되어
*성가퀴와 송림을 지키면서 단속했고

*성 위에 낮게 쌓은 담

*봉산(封山)은 병영과 수영, 나머지 산은
지방 관아에서 감시하고 단속했는데

*나라에서 법으로 벌목을 금지한 산

산중의 사찰 승려들도 중요한
산불 감시원이었다.

1447년(세종 29)에는 개성과 파주 능묘
주변에 산불 감시 목적으로 나라에서
절을 지어 승려를 유치하기도 했다.

동장군은 영국에서

외래 문물이 전래하던 개화기 이후 외래어도 봇물 터지듯 쏟아져 들어왔다.

간혹 우리말이라고 생각하기 쉬운 말 중에서 그 유래가 엉뚱한 것이 있는데 대표적인 것이 '노다지'다.
구한말 광산의 이권을 가진 서양인 관리자들이 인부들에게 금에 손대지 말라며 "노 터치(No touch)"라는 말을 자주 했는데 조선인들이 그것을 금을 뜻하는 말로 잘못 알아들었고 이후 노다지는 금이나 광맥을 의미하는 단어가 되었다.

가죽 신발인 '구두'는 국립국어원의 표준국어대사전에서 그 어원을 일본어 '구쓰(くつ, kutsu, 靴)'로 추정한다. 그러나 정작 일본에서는 한국어 '구두'를 구쓰의 어원으로 보는 등, 양국의 유래가 충돌하는 사례도 있다.

매서운 추위를 의인화한 '동장군(冬將軍)'은 뜻밖에도 영국에서 유래한 말이다.

정말?

18세기 초 발트해의 주도권을 놓고 다툰 '*대북방전쟁'에서 스웨덴의 왕 칼 12세는 러시아 차르국을 침공했다가 파멸했고,
*Great Northern War

19세기 초 프랑스의 나폴레옹 1세는 러시아 원정에 실패하면서 몰락했고,

제2차 세계대전 때 독일의 히틀러는 소련 침공에 실패하면서 전세가 기울어 패망했다.

2차 대전 독일군 사망자의 80%가 동부전선에서 나왔다.

러시아 원정 실패의 역사에는 늘 러시아의 혹독한 추위가 따라다녔는데

세 번의 러시아 원정을 막아낸 위대한 장군이 '동장군'이라 해도 과언이 아니다.

1812년 프랑스가 러시아 원정에 실패하자 영국의 시사 화가 윌리엄 엠즈는

우리의 원수 나폴레옹의 군대가 궤멸했다네~

굿!

'GENERAL FROST Shaveing Little BONEY'라는 풍자 만화를 그렸다.

제목에서 Shaving이 아닌 Shaveing을 씀.

'동장군에게 면도 당한 리틀 보니'를 그린 그림인데, 리틀 보니는 땅딸한 체구의 나폴레옹 보나파르트를 비꼬는 별명이었다.

그후, 유럽은 러시아의 매서운 추위를 'General Frost', 'General Winter' 등 장군(general)으로 표현했고

한국과 일본에서는 이를 한자어 동장군으로 번역했다.

우리나라에는 1948년 10월 15일 자 《동아일보》에 동장군이라는 표현이 처음 등장한다.

세계 여러 곳에서 매서운 추위를 신이나 요정의 행위로 표현했는데

잉글랜드에는 '잭 프로스트', 슬라브 민족에게는 '제드 마로스'가 있고

동아시아에는 북방에서 추위를 다스리는
사한신(司寒神)인 '현명(玄冥)'이 있다.

고려 때 사한신에게 제사를 지냈다는
기록이 있고

조선은 얼음 저장고인 동빙고 옆
사한단에서 겨울에 얼음을 넣을 때와
여름에 얼음을 꺼낼 때 사한제를 지냈다.

《간이집》,《계곡집》 등의 시문집에 실린
시에서 매서운 추위를 현명의 심술로
묘사한 것을 보면

동장군이란 표현이 널리 쓰이기 전에는
현명이 그 역할을 했다는 걸 알 수 있다.

홍어 장수의 목숨을 건 대탐험기

항해 기술이 발달하지 않은 옛날에 풍랑을 만나 바다에 표류하다가 인접국 해안에 표착하는 것은 흔한 일이었다. 조선 후기만 해도 표류민 송환 사례는 무려 1,000여 건에 이른다.

상호 원칙에 따라 국가 간 해상 조난자에 관한 처리는 우리가 생각하는 것 이상으로 체계적으로 이루어져 있었다. 조선에 왜관이 있듯이 일본에도 여러 곳에 조선관이 있었는데 표류민을 보호하고 송환하는 게 주요 업무였다.

인접국의 정보를 수집하는 것은 중요한 일이라서 조선에 표류해온 외국인이나, 외국에 표류했다가 돌아온 백성들을 면담하고 작성한 보고서가 많이 남아 있다.

종종 이러한 국외 여행자들은 '표해록(漂海錄)'이라는 이름으로 자신의 모험담을 책으로 펴냈다. 성종 때 제주 추쇄경차관이었던 최부가 쓴 명나라 기행문인 최부의 표해록, 영조 때 제주도 선비 장한철이 과거 보러 가다가 오키나와에 표류하고 쓴 표해록, 19세기 승려 헌정의 일본표해록, 그리고 이번 이야기의 주인공인 문순득의 표해록 등이 있다.

200여 년 전, 필리핀을 방문하고 돌아온 조선인이 있었다.

저 사람이 조선에서 제일 먼 곳까지 가본 사람입니다!

1801년(순조 원년) 12월, 전남 신안군 우이도에 사는 25살의 홍어 장수 문순득은

홍어집이는

지금이 제철이야.

숙부와 마을 주민 6명과 함께 홍어를
사기 위해 흑산도 인근 태사도에 갔다가

풍랑을 만나 돛대가 부러지면서
망망대해를 표류했다.

천신만고 끝에 한 섬에 표착하게 되었는데
그곳은 유구(류큐, 현 오키나와)였다.

유구는 조선인이 간혹 표착하는 곳이라
나름 후한 대접을 받았고, 문순득과 일행은
청나라를 통해서 귀국할 계획을 세웠다.

하지만 유구의 조공선에 실려
청나라로 가는 길에

또다시 풍랑을 만나 표류하게 되었는데

이 과정에서 조선인 일행은 흩어졌고 문순득은 유구의 남쪽 여송(呂宋)까지 가게 되었다.

여송은 오늘날 필리핀의 루손 섬으로 당시는 스페인의 식민지였다.

문순득은 여송에서 끈을 꼬아서 팔아 생계를 꾸리면서 나름 여러 문물을 체험하며 생활했는데

언어 습득에 천부적인 재능이 있었는지 9개월 만에 의사소통이 가능할 정도로 필리핀어를 익혔다.

1803년 8월 마카오 상선을 타고 마카오에 도착해 남경-북경-의주를 거쳐 1804년 12월 한양에 도착했다.

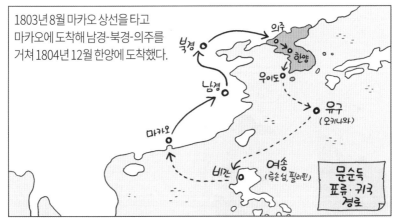

이듬해 1월, 표류 3년 만에 꿈에 그리던 고향 우이도에 돌아왔다.

때마침 우이도에 유배 중이던 정약전은 문순득과 교류하면서 구술을 받아서

표류 과정, 남방의 풍속, 류쿠어·필리핀어 단어장을 수록한 《표해시말(漂海始末)》을 저술했다.

문순득이 표류를 시작한 해(1801년)에 공교롭게도 5명의 외국인이 제주도에 표착했다.

말이 통하지 않고 한문 필담도 불가능해서 어느 나라 사람인지 알 수 없었는데

청나라까지 데리고 가서 자문을 구했지만,

바다를 향해 '막가외(莫可外)'를 외치는
그들이 어느 나라 사람인지 알지 못했다

1807년 때마침 제주도에 표류해 온
유구 사람에게서 이들이 여송국 사람으로
추정된다는 단서를 얻었고,

문순득의 필리핀어 단어장 덕분에 그들이
여송국 사람으로 밝혀지면서 고국으로
송환될 수 있었다.

그들이 외친 '막가외'는 당시
포르투갈령이었던 '마카오(Macau)'였다.

호랑이에게서 살아남기

일본에서 과학 교사로 활동하던 미국인 윌리엄 그리피스의 저서 《은자의 나라 조선(Corea : the Hermit Nation, 1882)》은 '조선 사람들은 반년 동안 호랑이를 사냥하고, 나머지 반년은 호랑이가 조선 사람을 사냥한다'라는 당시 조선 농담을 소개하고 있다.

영국 지리학자인 이사벨라 비숍은 조선을 여행하고 쓴 여행기 《조선과 그 이웃나라들(Korea and Her Neighbours, 1897)》에서 '조선 사람들은 1년의 반은 호랑이를 잡으러 다니고, 1년의 반은 호랑이에게 물려 죽은 사람의 문상을 다닌다'라는 중국 속담을 전하며, 조선에 와서 보니 그것이 거짓말이 아니었다고 말한다.

호랑이 개체 수가 많이 줄었다는 19세기 말에도 한반도는 여전히 남·녀·노·소·호랑이가 사는 나라였다.

병마절도사는 매월 정기적으로 '호환(虎患) 희생자' 명단을 승정원에 보고했다.

1818년(순조 18) 음력 4월, '홍경래의 난'을 진압한 공을 세우고 충청도 병마절도사로 부임한 조운구는

이 지역 맛집으로 갈까요?

됐다.

매월 20일, 도내 각 고을 수령의 보고를 취합해서 한 달간 발생한 호환 희생자 보고서를 올렸다.

악호가 날뛰니…

그가 부임하고 1년간 충청도에서 발생한 희생자는 모두 30명이었다.

한달 평균 2.5명

호랑이 앞에서는 남녀노소, 신분고하를 막론하고 모두 평등했다.

월	일	지역	인적사항	이름
4	28	영춘현 현내면	유학(幼學)	홍성손
5	2	홍양현 OO면	선무군관 박상득의 아들	박악지
	17	보령현 청라면	사비(私婢)	험상
	27	홍양현 오사면	양인(良人)	윤광일
6	16	홍양현 오사면	과부 박소사(召史)의 아들	김장옥
	17	정산현 적곡면	유학	민매득
	17	서산군 노지면	속오군 최종관의 딸	OOO
7	5	충원현 덕산면	양인	안국성
	7	충원현 덕산면	양인 김춘삼의 처	박소사
	25	비인현 동면	사노(私奴) 신미을봉의 처	김소사
8	2	영춘현 동면	양인	민성록
	4	영춘현 대곡면	보인(保人) 김억손의 어미	신소사
	9	홍산현 내면	유학 정엽지의 어미	황씨
	16	보령현 장척면	역리(驛吏) 유회대의 딸	OOO
	21	충원현 덕산면	유학 권홍인의 처	김씨

가장 어린 희생자는 서산 노지면에 사는 속오군 최종관의 딸로 당시 6살이었다.

인적사항	이름	성별	나이
학(幼學)	홍성손	남	50
군관 박상득의 아들	박악지	남	13
(私婢)	험상	여	39
良人)	윤광일	남	46
박소사(召史)의 아들	김장옥	남	15
	민매득	남	18
최종관의 딸	OOO	여	6
	안국성	남	28
삼의 처	박소사	여	35
신미을봉의 처	김소사	여	50

한반도는 동북아에서 호랑이 서식처로 유명한데

호랑이도 많았지만, 표범은 더 많았어.

그나마 개체 수가 많이 줄었다는 19세기 초에도 오늘날 교통사고 사망자 수준으로 호랑이 피해가 발생했다.

어이쿠!!

끼이이익~

1401년(태종 1) 겨울부터 이듬해 봄까지 경상도의 호환이 극심해서 농부들이 밭에 나가는 것조차 두려워할 정도였다.

특히, 해안 고을의 피해가 더 컸다.

한반도에 호랑이가 많은 이유가 '산이 많아서'라고 생각하기 쉬운데 반만 맞는 얘기다.

원래 호랑이는 저지대 습지에 서식하는 동물로 물을 좋아하고 헤엄도 잘 친다.

삼국 시대부터 우리나라는 말 목장을 뭍에서 가까운 섬에 설치한 경우가 많았는데

호랑이가 종종 바다를 헤엄쳐 가서
목장에 피해를 주기도 했다.

저 섬에
가고 싶다.

거제도나 강화도처럼 뭍에서 가까운
큰 섬에는 호랑이 전설이 하나쯤 있는데

어흥!~

나는 전설이다.

대부분 헤엄쳐서 건너간 호랑이가
남긴 전설이다.

전설은 대부분
'그 뒤로 호랑이는
나타나지 않았다.'
로 끝납니다.

진도는 건너간 호랑이들이 아예 번식하며
정착한 섬이었다.

헉!!

뉘시오?

인간이 평지란 평지는 죄다 경작지로
만들다 보니 동물들은 점점 산으로 가고
호랑이도 산으로 갔다.

같이 가!

정확하게는 산에 사는 동물만
살아남았다고 볼 수 있다.

쉬었다 가세요~

호랑이
신상

조선 사람들이 호랑이와 사투를 벌인 이야기는 눈물겨울 정도다.

한양 도성이나 읍성에 살지 않는 이상, 밤이 되면 방문을 걸어 잠그고 방에서 절대 나가지 않았다.

개는 묶어두지 않는데 호랑이가 오면 짖어서 주인에게 알리고 마루 밑에 숨거나 개구멍을 통해 피했다.

임금은 종종 효자·효녀·열녀 등 팔도의 선행 우수자를 뽑아서 표창했는데

그때마다 호랑이에게서 가족을 지킨 사람들이 한둘은 꼭 끼어 있다.

1475년(성종 6) 여산(전북 익산시)에서 밭을 갈던 사노인 남편 무작지가 호랑이에게 끌려가자

사비인 아내 준향이 농기구와 돌로
호랑이로부터 남편을 구해내어
표창을 받았고

1478년(성종 9) 곤양(경남 사천시 곤양면)에선
호랑이에게 물려가는 아버지를
구하기 위해

11세 소년 김백산이 낫을 휘둘러서
호랑이를 물리치고 아버지를 구했다.

1561년(명종 16) 양근(경기도 양평군)에 사는
내수사 관비 덕금은 호랑이에게
물려가는 아버지의 비명을 듣고

어머니와 함께 방에서 뛰쳐나와 창으로
호랑이의 오른쪽 갈비뼈를 찔렀다.

호랑이가 아버지를 버리고 어머니를
깔아뭉개자 덕금은 호랑이 코가 파열될
정도로 마구 찔렀는데

결국, 호랑이가 중상을 입고 달아나면서 부모를 구해냈고 임금의 포상을 받았다.

호랑이 출몰이 예상되는 고개를 넘을 때는 산 아래서 적정 인원이 모여 함께 갔는데

행렬은 낮에도 횃불을 들고 징이나 꽹과리를 치며 요란한 소음을 내면서 고개를 넘었다.

경복궁에서 서쪽으로 1km 남짓 되는 거리에는 산 전체가 화강암인 인왕산이 있다.

'조선 호랑이치고 인왕산 모르는 호랑이는 없다'라는 농담이 있을 정도로 인왕산은 한반도 호랑이의 메카였다.

인왕산과 안산(무악) 사이를 넘는 무악재는 통행량도 많은데 호랑이 상습 출몰 지역이었다.

294

오늘날 서대문형무소 자리에는 고개를 함께 넘을 사람을 모으는 천막인 '유인막(留人幕)'이 있었다.

무악재는 '모아재'라 하여 최소 행인 10명이 모여야 넘을 수 있었는데

적정 인원이 모이면 활이나 조총으로 무장한 군사가 사람들을 인솔해서 고개를 넘었다.

인왕산 바로 옆인 경복궁도 호환 안전지대는 아니어서 경비 서던 군사가 물려가는 일도 있었고

어미 호랑이가 궁궐 안에서 새끼를 낳은 일도 있었다.

고려 말, 한양으로 천도했다가 다시 환도한 이유에 인왕산 호랑이도 크게 한몫했다.

아빠랑 동네 사람들이 수도 이전을 막았단다.

조선 사람들은 호랑이에게 잡아먹힌 사람은 영혼이 호랑이에게 노예처럼 종속되는 '창귀(倀鬼)'가 된다고 믿었다.

창귀는 종속에서 벗어나기 위해서 자신과 교대할 새로운 희생자를 물색해 호랑이를 인도하는데

가족과 인척 순으로 찾아간다고 해서 호환을 당한 집안과는 혼사를 맺지 않았다.

혼사 취소!!

호환을 당한 것도 서러운데 위로는 못 해줄망정 가족과 인척에까지 끔찍한 연좌제를 씌우는 악습이었다.

...

따라서 호랑이에게 잡아먹힌 사람은 매장하지 않고 현장에서 화장하는 '호식장'이라는 장례를 치렀는데

돌무더기를 쌓은 후, 시루를 덮고 칼이나 쇠꼬챙이를 꽂은 '호식총(虎食塚)'이라는 특별한 무덤을 만들었다.

창귀가 되지 못하게 영혼을 시루에 가두는 거야.

...

호랑이 사냥은 쉬운 일이 아니었다.

기적 같은 확률로 급소를 맞히지 않는 한 호랑이를 한 방에 죽일 수 있는 무기가 당시에는 없었다.

조총 몇 발을 맞아도 잘 안 죽더라.

아프다니까

집단 사냥으로 활을 여러 번 쏘아서 맞히고 달아나면 쫓아가면서 계속 활을 쏘고 쓰러지면 창으로 찔렀다.

아오~

《경국대전》에는 호랑이를 잡은 사람들을 포상하는 규정이 세세하게 정의되어 있다.

經國大典

호랑이를 잡으면 인생역전을 할 만큼 관직이나 승진이 주어지는데

호랑이 한 마리를 두고 군부대끼리 다툰 적도 있었다.

누구 화살에 먼저 맞았는지 말해!!

예?

직접 사냥하기보다는 함정을 파거나
포획용 틀을 놓아서 잡는 경우가 많았는데

감영에는 정기적으로 나라에 바칠 호랑이
가죽 수량이 할당되어 있었으므로

수령들은 호랑이 출몰 예상 지점에 포획용
틀을 부지런하게 설치했다.

호랑이 개체 수가 줄어든 조선 후기에는
할당량을 채우기 위해 가죽을 빌리거나
거래하는 일도 있었다.

조선은 호랑이만 잡는 특수 병종인
'착호갑사(捉虎甲士)'가 있었다.

갑사(甲士)는 조선 초·중기 수도와 변경의
방어를 담당하는 급료를 받는 정예병으로

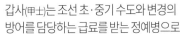

무용(武勇)은 기본이고 체격과 용모까지 준수한 자들로만 선발한 엘리트 병종이었다.

키와 얼굴은 왜 봅니까?!

갑사는 의장대 역할도 한다.

재산 정도도 자격 요건이라서 돈 있는 집 자식들만 지원할 수 있었다.

모집요강에 아예 박아놨군.

양반들은 글공부랑 담쌓은 자식이나 문과는 응시할 수 없는 서얼을 갑사로 보내려 했다.

무예는 자신이 없는데…

녹을 받으면서 무예도 익힐 수 있으니 무과 급제의 지름길이었고, 상관의 눈에 들면 출셋길도 열렸기 때문이다.

세조 때, 초고속 승진 신화가 된 유자광이 바로 얼자 태생의 갑사 출신이다.

내 인생의 롤모델…

착호갑사는 호환이 극심한 지방에 원정 사냥을 가기도 했는데

서울에서 착호갑사가 내려오면 해당 고을에선 극진하게 대접했다.

이것을 노리고 한 무리가 착호갑사를 사칭하고 대접을 받다가 걸린 적도 있었다.

사기꾼!!

중기 이후, 착호갑사는 사라지고 장용영 등 군영이나 병영에서 호랑이를 잡았다.

조선 군대는 왕명 없이 함부로 군사를 움직일 수 없는데

외적이 출현하거나 호랑이가 출몰하면 '선조치, 후보고'를 할 수 있었다.

인조반정 때, 호랑이를 잡는다고 속이고 군사를 동원해서 거사를 일으켰다는 이야기는 유명하다.

한반도엔 호랑이가 득실거렸지만, 중국에서는 호랑이를 구경하기 힘들었고 일본엔 아예 호랑이가 없었다.

조선 사신들이 중국에 가면 조선 임금의 안부보다 호랑이의 안부를 먼저 물을 정도로

중국인들은 조선 호랑이 이야기에 관심이 많았다

무서운 호랑이와 더불어 사는 조선인들에게 막연한 경외심 같은 것도 보이는데

사신으로 조선에 오는 길에 요동에서 호랑이 때문에 심한 공포를 느꼈는지

돌아가는 길에는 화포와 화포를 다룰 군사를 요청하기도 하고 조선군의 호위를 요구하기도 했다.

일본은 한술 더 떠서 호랑이에 대해 막연한 환상을 가지고 있었는데

세종 때, 양국이 교류하면서 교환하는 예물 물목으로 호랑이 고기와 뼈 등을 요구했다.

호랑이 고기를 먹거나 뼈나 부산물을 약재로 쓰면 호랑이처럼 힘이 세진다는 속설 때문이었다.

임진왜란 때, 도요토미 히데요시의 오른팔인 가토 기요마사가

함경도에서 히데요시에게 바칠 호랑이 사냥에 열중했다는 일화가 아주 유명한데 이는 사실이 아니다.

전쟁이 없는 평화로운 에도 시대에 군담소설과 *강담이 성행했다.

*극장에 사람들 모아놓고 구연동화처럼 이야기를 들려주는 것

당시 가토 기요마사는 가장 잘나가던 인기 캐릭터였고

창작자들은 그의 용맹함을 극적으로 묘사하기 위해서 여기저기서 다른 인물의 일화를 따 붙였는데

Ctrl + C
Ctrl + V
Ctrl + C
Ctrl + V
...

그 일화는 기장에 주둔하면서 관백에게 바칠 호랑이 사냥에 열중했던 구로다 나가마사의 이야기다.

토씨 하나까지 베꼈네…

나가마사는 도요토미 히데요시의 책사로 유명한 구로다 요시타카의 아들이기도 하다.

구로다 나가마사

구로다 요시타카 (간베에)

나고야성 방의 벽면에는 호랑이 가족 *그림이 그려져 있는데 새끼를 돌보는 엄마 호랑이는 영락없는 표범이다.

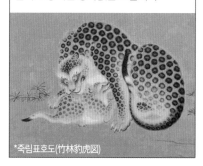

*죽림표호도(竹林豹虎図)

호랑이에 관한 지식이 부족하다 보니 표범을 암컷 호랑이로 착각했던 것이다.

줄무늬는 수컷, 점박이는 암컷

디테일 좋아~

303

테이크 아웃 냉면

자줏빛 육수의 냉면	紫漿冷麪(자장냉면)
높다랗고 탁 트인 집 좋다마다요	已喜高齋敞(이희고재창)
게다가 별미까지 대접을 받다니요	還驚異味新(환경이미신)
노을빛 영롱한 자줏빛 육수	紫漿霞色映(자장하색영)
옥가루 눈꽃이 골고루 내려 배었어라	玉粉雪花勻(옥분설화균)
젓가락을 입에 넣으니 우러나는 향	入箸香生齒(입저향생치)
몸이 갑자기 서늘해져 옷을 끼어 입었도다	添衣冷徹身(첨의랭철신)
나그네 시름 이로부터 해소되리니	客愁從此破(객수종차파)
귀경의 꿈 다시는 괴롭히지 않으리라	歸夢不須頻(귀몽불수빈)

_인조 때의 문신인 계곡(谿谷) 장유(張維)가 냉면을 먹고 읊은 오언율시

평안도의 대표 음식인 '냉면'은 원래
겨울철 별미였다.

늦가을에 수확한 메밀이 가장 질이 좋다.

메밀은 글루텐 함량이 적어서 반죽해서 면을 뽑기가 어렵기 때문에

묽게 반죽하여 국수틀에 넣고 끓는 가마솥 위에서 면을 뽑으면서 바로 삶았다.

삶은 면을 찬물에 헹궈서 배추김치 국물이나 동치미 국물에 말아 먹는 냉국수가 바로 평양냉면이다.

여유가 있으면 꿩고기 등으로 우려낸 육수를 섞었고

더 여유가 있으면 배도 띄우고, 달걀로 고명도 얹고, 삶은 돼지고기도 곁들였다.

평양에 다녀온 사람들로부터 입소문을 타면서 조선 후기에는 도성에서도 흔하게 먹을 수 있는 외식 메뉴가 되었다.

중독성이 있어~

문신 이유원의 《임하필기(林下筆記)》에 나오는 순조의 꼬마 임금 시절 이야기다.

...

야심한 밤, 달구경을 하고 있었는데

전하, 바람이 차옵니다.

달이 참 밝도다.

상선!

냉면이 먹고 싶구나.

수라간에 연통을 넣겠사옵니다.

됐다. 곤히 자는데 깨우면 싫어한다.

테이크 아웃 하라!

다 함께 먹게 넉넉히 ~ 사오도욱~

306

무관들이 저자에 나가서 냉면을 사 왔는데

순조는 냉면을 사러 갔던 한 무관이
뭔가 들고 있는 것을 발견했다.

들고 있는 그것은
무엇이냐?

소신의 냉면에 넣어먹을
수육이옵니다.

...

순조는 시위하던 무관들에게도 냉면을
나누어주었는데

수육을 사 들고 온 무관에게는 냉면을
주지 않았다.

저자는 자기가
먹을 것을 사 왔으니
주지마라!

토라진 꼬마 임금의 심술로 인해 냉면에
수육을 얹어 먹으려던 무관의 소박한 꿈은
이루어지지 못했다.

ㅋㅋ

...

껍...

소박한
꿈
↓

못 살겠다 평안도

예종의 능묘인 창릉의 제례를 주관하게 된 젊은 관리는 관아에서 심부름하는 꼬마 종이 제수로 마련한 음식에 손을 대는 것을 보았다. 그는 꼬마 종을 나무라지 않고 밤새 한양으로 달려가서 다시 제수를 마련해왔다.

마음씨 따뜻한 이 젊은 관리는 선조, 광해군, 인조에 이르기까지 혼돈의 시절에 실무형 관료로 40여 년간 재상을 지내고도 다 쓰러져가는 초가집에서 생을 마감한 청백리인 오리 이원익(李元翼)이다.

임진왜란이 발발하고 의주로 피난 간 선조는 우의정 이원익을 평안도 관찰사 겸 도순찰사로 임명한다. 성난 평안도 민심을 수습하는 데는 이원익만 한 사람이 없었기 때문이다.

그는 안주 목사와 평안도 관찰사를 지내는 동안 깔끔한 일처리는 말할 것도 없거니와, 선정을 베풀어 평안도 백성의 신망이 몹시 두터웠다. 관찰사를 그만두고 한양으로 떠나게 되자 백성들이 살아있는 사람의 제사를 지내는 사당인 생사당(生祠堂)을 지어 그를 받들 정도였다. 그러나 이원익은 이 소식을 듣고 바로 생사당을 허물어버렸다.

'사당 관리하느라 백성이 고생한다'는 이유로.

'평안 감사도 저 싫으면 그만이다'라는 우리 속담이 있다. 아무리 좋은 일이라도 제가 내키지 않으면 할 수 없다는 말이다.

평안 감사는 조선 사대부라면 한 번쯤은 가고 싶은 '꿈의 외관직'이었다.

평안도는 거둔 세금을 중앙에 보내지 않고 자체적으로 사용하는 지역이며,

중국과의 교역으로 상업이 발달한 지역이라서 짭짤한 돈을 만졌다.

중국에서 건너온 진귀한 물건을 임금보다 먼저 접할 수 있었고

팔도 제일의 미모를 자랑하는 평양 기생들도 있었다.

무엇보다 도성에서 적당히 멀어서 간섭이 적고 스트레스도 적었는데

자신을 견제할 만한 양반 세력이라고는 눈을 씻고 찾아봐도 없어서 영혼마저 자유로운 자리다.

평안도에서 감사는 제왕이나 다름없었다.

평안도는 지역 차별을 심하게 받았는데

사대부들은 평안도 지방 양반과는 교류하려 들지 않았고,

'학맥 제일주의' 조선 관료사회에서 평안도 사람은 과거에 합격하더라도 고위관직에 오르지 못했다.

발해가 멸망하면서 고려에 편입된 지역으로 거란과 몽골의 침략으로 수난을 심하게 겪은 데다가

고려 후기에는 100년동안 원나라가
통치하는 동녕부까지 설치되는 바람에

조선의 국시인 성리학의 씨앗이 제대로
뿌려지지 않아서 사대부 세력이
거의 형성되지 못한 것이 원인이었다.

함경도는 왜.?

태조의 고향이라
대놓고 차별을
못하는 거겠지요.

평안도 사람들은 일찌감치 벼슬보다 경제에 눈을 돌렸고,
조선 후기에는 상업과 광업으로 재력을 키웠다.

경제력을 기반으로 한양 다음으로 많은
과거 급제자를 배출하기도 했지만,
뿌리 깊은 차별은 극복하지 못했다.

지역 차별의 불만은 결국 1811년(순조 11)
'홍경래의 난'으로 분출되었다.

와-아-

만동묘와 서원철폐

《조선왕조실록》은 태조에서 철종에 이르기까지 472년간의 역사를 편찬한 실록이다. 《고종실록》과 《순종실록》은 일반적으로 《조선왕조실록》의 범주에 넣지 않는다. 일제강점기에 일본인에 의해 편찬되면서 1차 사료인 사초를 무시하는 등 전통적인 편찬 방식을 전혀 따르지 않았고, 일제의 정략적 의도가 내포된 위험성이 있기 때문이다. 또한 두 실록을 국가가 공인한 정사(正史)로 오인하게 될 우려가 있다. 다만 단순 사실은 근대사 연구에 참고할 만하다.

특히 《고종실록》은 흥선 대원군과 명성황후가 역사에서 딱히 중요하지 않은 단역처럼 기술되어 있어 역사의 맥락을 읽어내기도 어렵다.
또한 을미사변도 심각하게 왜곡되어 있다. 훈련대(근위대)와 순검(경찰)의 우발적 충돌 과정에서 중전이 살해됐고, 충돌 원인도 중전 민씨의 패악질이라고 묘사하고 있다.
중전 민씨 사망 후, 《고종실록》에 실린 어전회의 모습이나 고종의 대사를 보면 마치 마녀의 죽음으로 이 세상에 다시 평화가 찾아왔다는 동화의 해피엔딩처럼 그려져 있다.

우리나라 서원 9곳이 '한국의 서원'이라는 이름으로 유네스코 세계 문화유산으로 등재되었다.

한국의 서원
Seowon, Korean Neo-Confucian Academies

서원은 조선 중기 이후 민간에 의해 지방에 세워진 사립 교육기관으로

향교는 국립

서원은 사립

선현의 위패를 모신 사당과 교육 공간을 갖춘 곳인데 그 위상은 오늘날의 사립대학에 해당한다.

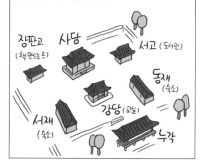

서원의 등장으로 관학 중심이던 조선 중등 교육의 축이 사학으로 이동했다.

- 조선의 교육 기관 -

과정	전기	중기 이후
초등	가정	서당 (사립) ※ 서원과 밀접
중등	서울 사부학당 (국립) 지방 향교 (국립)	서원 (사립)
고등	성균관 (국립)	성균관 (국립)

서원은 엄격한 학칙에 따라 운영되면서 유학의 발전에 공헌했지만, 부작용도 만만찮게 컸다.

지역 출신 인사들과 유생이 몰리는 곳이다 보니 정치적·사회적 영향력은 수령을 압도해 권력기관이나 다름없었고

가문마다 서원을 세우고, 방귀 좀 뀌는 가문은 복수의 캠퍼스까지 구축해서

조선 말에는 전국적으로 600여 개 이상의 서원이 난립할 정도로 남설되었고

붕당의 소굴이 되기도 하고 군역 회피, 탈세 등 각종 비리의 온상이 되기도 했다.

아들놈 군적에서 좀 빼주십시오. 공부 못한다고 향교서 쫓겨나는 바람에 군대까지 생겼습니다.

일단 우리 서원에 입학 시키시오. 입학금은…

누구를 배향하느냐에 따라 서원의 권위가 갈렸는데

도산서원에서 수학했습니다.

퇴계 선생을 모시는 명문 서원 출신이군!!

《조선왕조실록》에 가장 많이 이름을 올린 노론의 영수 우암 송시열을 배향한 화양서원은 그 권세가 막강해서

화양서원은 노론의 사상적 고향.

제수에 쓴다는 명목으로 각 군·현에 '화양묵패(華陽墨牌)'라는 고지서를 발송해 백성의 재물까지 뜯어낼 정도였다.

사또… 돈 안 내면 어떻게 됩니까?

낼 때까지 때리고 죽을 때까지 때린다더군

나도 빈손이여~

화양서원엔 부설로 '만동묘(萬東廟)'가 있었는데 망국 명나라의 황제 신종과 의종의 위패를 모신 사당이자 가묘였다.

신종(만력제)은 임진왜란 때 조선에 25만 원군을 파병한 황제로, 30년 가까이 황제 업무에서 손 떼고 태업하다가

삼십 년을 지켜봤는데…

나 없어도 나라는 잘~ 돌아가더라

임진왜란이 터지자, 30년 만에 느닷없이 출근해서 조선에 아낌없는 지원을 해준 황제인데

꿈에 관우가 나왔는데

내 전생이 유비고, 조선 임금의 전생이 장비라더군!!

관우가 장비를 구해달라면서 울면서 부탁했어!~

중국인들은 '고려 천자' 또는 '조선 황제'라고 비꼴 정도로 명나라를 망하게 한 암군으로 여겼지만,

전쟁으로 농사를 망쳐서 조선 백성이 굶어 죽는단다.

산동의 쌀 100만 석을 빨리 보내거라!! 시간이 없다.

조선인들에게는 300년 동안 제삿밥을 챙겨줄 정도로 고마운 은인이었다.

황실 내탕금 200만 냥을 보내니 전후복구사업에 쓰도록 해라. 기죽지 말고!!

전생이 유비였던 형이

조선 선조

으흐흑!! 따거~

따라서 신종의 위패를 모시고 가묘까지 세운 화양서원의 권세는 임금조차 함부로 할 수 없을 정도였는데

전하, 화양서원에서 전하께 묵패를 올렸사옵니다.

알았다.

조선 말 유행한 동요 '*승경가(昇卿歌)'는 임금보다 만동묘지기가 높다고 비꼬았고

*벼슬의 순서를 읊은 노래

원님 위에 감사,
감사 위에 참판,
참판 위에 판서,
판서 위에 삼상(삼정승),
삼상 위에 승지,
승지 위에 임금,
임금 위에 만동묘지기~

흥선대원군도 집권 전, 만동묘 계단을 하인의 부축을 받고 오르다가 묘지기에게 봉변을 당했다는 야사가 있다.

1865년(고종 2) *대보단에서 지내는 제사와 겹친다는 논리로 만동묘를 폐했는데 이는 서원 철폐를 위한 사전 작업이었다.

*조선 시대 때 명 태조와 신종, 의종을 모신 사당

흥선대원군은 47개의 사액서원만 남기고 나머지 서원을 모두 철폐하는 개혁을 단행했다.

600여 개의 서원이 동시에 문을 닫았지만, 격렬하게 저항한 유림은 없었다.
새로운 권력자의 눈 밖에 나는 게 두려웠고 민심도 서원 개혁에 환호했다.
유림 사회도 서원을 줄여야 한다는 것에는 어느 정도 공감대가 형성되어 있었다.

조선의 강산은 푸르지 않았다?

경복궁 근정전 중앙의 내부 기둥 중 네 모서리의 기둥은 귀고주(隅高柱)라고 하여 가장 크고 중요한 기둥이다.

2000년대 초, 근정전을 해체해서 보수하는 과정에서 알려진 사실인데 네 개의 기둥 중 하나만 소나무고 세 개는 전나무다.
경복궁을 중건하는 과정에서 조건에 맞는 크고 굵은 소나무를 조선에서 더는 구할 수 없었다는 방증이기도 하다.

궁궐 건축에는 소나무를 쓴다는 상식과는 달리 근정전 전체에 쓰인 목재도 소나무보다 전나무의 비율이 더 높은 것으로 밝혀졌다.
중건 과정에서 겪은 두 번의 화재로 애지중지 마련한 소나무를 소실한 이유가 컸으리라 본다.

조선 후기를 다룬 사극에서 고증을 완벽하게 한다면 매우 충격적인 장면이 그려질 것이다.

한양의 경우 나무 하나 없는 민둥산을 배경으로 찍어야 하기 때문이다.

아프가니스탄 아닙니다.

당시 조선의 산림은 심각하게 황폐해져 사막화가 진행되고 있었다.

도성 주변에서 더는 땔나무를 구할 수 없었고

*북한산

매일 새벽 고양·파주 등지에서 땔감을 지게에 지고 무악재를 넘는 나무꾼 행렬은 일상적인 풍경이었다.

도성에 사는 서민들은 겨울이면 하루 수입의 40%를 땔감 구입비로 지출했다.

산림이 황폐해진 가장 큰 원인은 나무가 유일한 연료였기 때문이었다.

13세기에서 17세기 말까지는 지구의 기온이 낮았던 소빙하기였다. 한마디로 추웠다.

온돌은 그 유래가 오래되었지만,
하층민들까지 사용할 정도로 널리 대중화된 건 조선 중기 이후로,
온돌은 나무 소비를 더욱 촉진시켰다.

인구가 증가하고 더 많은 경작지가
필요해지면서 나무가 설 자리는 빠르게
줄어들었다.

쓰임새가 많았던 소나무는 조선의 중요한
자원으로 매우 귀중하게 여겼다.

조선의 산림 정책은 소나무 정책이라
해도 무방할 정도다.

조선 생활 3대 금법 중 하나가 소나무
벌목을 제한하는 것이었다.

우금 牛禁
소를 함부로 도살하지 마라.

주금 酒禁
술을 함부로 빚거나 마시지 마라.

송금 松禁
소나무를 함부로 베지 마라.

숙종 때부터 우량한 산림을 집중적으로 관리하기 위해서 봉산(封山) 제도를 시행했는데

조선 후기 국왕의 정무총람인 《만기요람》에 의하면 삼남 지방에만 282곳의 봉산이 있었다.

안면도에는 73곳의 봉산이 몰려 있었는데 나라에서 쓸 재목을 해상 운송으로 쉽게 조달하기 위해서였다.

하지만 봉산이라 하여 남벌을 피할 수는 없었다. 어린나무마저 땔감으로 가차 없이 베어갔기 때문이다.

산림을 보호하고 안정적으로 연료를 확보하기 위해 마을마다 자발적으로 '*송계(松契)'가 만들어졌는데

*금송계·산계·산리계라고도 한다.

나라에선 송계를 장려했고 부분적으로
사법권도 허용했다.

하지만 산림 황폐화를 막는 데는
역부족이었다.

해방 이후, 식목일을 제정하고 산림 조성
사업에 힘썼는데

오늘날 도심 근처에서도 울창한 산림을
볼 수 있을 만큼 매우 빠르게 성공했다.

나무를 많이 심은 결과이기도 했지만,
화석연료의 보급으로 나무를 연료로
쓰지 않았던 이유가 컸다.

기부금으로 지은 궁궐

조선이 도읍을 정할 때 한양과 최종 경합을 벌였던 후보지는 무악(毋岳)이었다. 무악은 서대문구청의 동쪽, 연세대학교의 북동쪽에 있는 해발 295.9m의 오늘날 안산(鞍山)이다.

안산을 진산으로 삼고 그 남쪽으로 도시를 건설할 계획이었으니, 만약 무악이 도읍이 되었다면 오늘날 연세대학교 자리에 궁궐을 짓고 신촌역 일대를 도심으로 삼았을 것이다. 한양은 북악산과 인왕산, 두 돌산에 둘러싸여서 물이 적다는 게 단점이었고, 무악은 터가 너무 좁다는 게 단점이었다.

조선은 한양과 무악을 놓고 짜장이냐 짬뽕이냐의 갈림길에서 선택 장애가 생긴 사람처럼 고민했다. 동전 던지기로 한양이 도읍으로 완전히 결정된 후에도 무악에 100칸이 안 되는 작은 별궁을 지어서 아쉬움을 달랬는데 처음에는 서이궁(西離宮)으로 부르다가 나중에 연희궁(延禧宮)으로 이름을 바꾸었다.

우리 역사에 백성이 낸 기부금으로 재건한 소중한 건축물이 있는데 바로 경복궁이다.

정권을 잡은 흥선대원군은 왕실의 권위를 세우기 위해 1865년(고종 2) 경복궁 중건에 착수한다.

…

임진왜란 때 화재로 소실된 이후, 270여 년 동안 출입제한구역이던 경복궁 터의 봉인이 해제됐다.

하지만 당시 조선의 재정 형편상 경복궁 중건은 무리였다.

궁궐병에 걸려서

다섯 개의 궁궐을 짓고 쫓겨난 광해군조차 손대지 못한 게 경복궁입니다.

흥선대원군이 아무런 복안도 없이 경복궁 중건 계획을 세운 것은 아니었다.

그 많은 돈을 어떻게 마련하시려고요.

…

대원군의 복안은 '원납전(願納錢)'으로, 쉽게 말하면 기부금이다.

내고 싶은 사람만 내라고 하지 뭐~

願 (스스로) 원하여
納 바치는
錢 돈

경복궁 중건을 주관한 영건도감(營建都監)에서 기부금을 모았고 솔선수범으로 왕족들이 먼저 거액을 기부했다.

누가 얼마를 냈는지 꼼꼼히 적고 살펴보시오.

때는 바야흐로 70년 세도정치가 막을 내리고 새 임금이 들어서며 정치 지형이 바뀌는 시기였다.

경 평화적인 정권교체 축

안동김씨
고종
이하응
조대비

권력을 지향하는 재력가들은 앞다투어 기부금을 냈고, 과거의 권력은 살아남기 위해서 기부금을 냈다.

매달 모금 내역을 책으로 엮었는데 고액 기부자는 별도로 임금에게 보고되고 벼슬까지 내려졌다.

전국에서 올라온 원납전 단자에는 한 냥, 두 냥 평범한 백성들의 소액 기부도 빼곡히 적혀 있었다.

모금 첫해에만 무려 500만 냥을 모을 정도로 원납전 모금은 초기에 대성공을 거두었다.

공사 1년째인 1866년 음력 3월 6일 새벽,

목재를 가공하던 훈련도감 재목장에 화재가 발생해서 800여 칸의 임시 건물과 쌓아둔 목재가 모두 잿더미가 됐다.

화재 후, 조정은 고을 수령을 압박해서
재차 원납전 모금을 더욱 독려했지만,
백성의 반응은 싸늘했다.

원해서 내던 원납전은 이제 원망하면서
내는 돈이 되었고 모금 실적은 저조했다.

원납전만으로 공사비를 충당할 수 없게
되자 대원군은 무리하게 '당백전(當百錢)'을
발행했다.

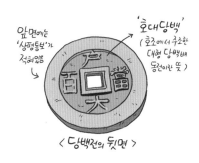

당백전은 통용되는 상평통보보다
명목 가치가 100배인 고액권 화폐로
나라의 경제를 뒤흔든 악화(惡貨)였다.

우여곡절 끝에 공사 시작 2년 만인 1867년
마침내 경복궁 중건은 완료되었다.

경복궁 기와 한 장 한 장이 백성들의
기부금이라는 사실은 기억할 필요가 있다.

떼배로 떼돈 벌기

관악산의 화기(火氣)를 잠재우지 못했나 보다.
1866년 대형 화재로 경복궁 중건을 위해 쌓아둔
목재가 소실된 후, 화재는 한 번 더 발생했다.

연이은 악재에 다들 안타까워했지만, 안타까워 하는 표정을 지으면서 속으로는
즐거운 비명을 지르는 사람들도 있었다.
공사에 물품을 대는 사람들이었다.

두 번 연거푸 발생한 화재 때문에 목재를 공급하는 사람들은 대호황을 누렸다.

강원도 한가운데 있으면서 높은 산으로 둘러싸인 정선은 한양에서 까마득하게 먼 곳이지만,

한양

정선

한양의 고가주택 건축에 사용하는 목재를 대던 주요 공급처였다.

정선에서 한양까지 목재를 운반할 수 있었던 것은 고속도로나 다름없는 한강 덕분이었다.

정선 사람들은 원목으로 뗏목을 만들고, 뗏목 여러 개를 열차처럼 엮어서 운반했는데

그것을 '떼배'라고 불렀다.

떼배의 길이는 보통 30~50m 정도였는데 긴 것은 100m짜리도 있었다.

정선의 떼배는 벌목에서 수송까지 하나의 시스템으로 분업화가 잘 이루어져 있었다.

늦가을부터 겨우내 아름드리나무를 베어 쌓아두었다가

경칩이 지나 물이 불거나 큰비가 오면
떼배를 엮어서 한양으로 출발했다.

골지천과 송천, 두 물이 어우러진
'아우라지'는 정선 사람들이 한양으로
행상을 떠나던 유명한 나루다.

연인이나 가족과 헤어질 때,
무사히 돌아오길 기원하며 부르던 노래가
'정선 아리랑'이다.

아우라지는 정선의 떼배가 출발하던
곳이기도 했다.

아우라지에서 출발한 떼배는 굽이굽이
동강의 급류와 여울을 타고 영월까지
내려간 후,

단양·충주를 거쳐 남한강 물길을 따라
한양까지 갔다.

사공들은 떼배 중간에 움막을 짓고 취사도구를 싣고 가서 배 위에서 숙식을 해결했다.

떼배는 앞 사공과 뒤 사공 2명의 사공이 2인 1조가 되어 운행한다.

앞사공　　　뒤사공

물길을 잘 알고 경험이 풍부한 앞 사공이 선장이고 뒤 사공은 보조 사공이다.

내가 캡틴!

뒤 사공도 아무나 될 수는 없었는데 원목 벌채 등 떼배 관련 일을 5년 정도 해야 겨우 자격이 주어졌다.

떼배의 운행은 목숨을 건 매우 위험한 일이었다.

다녀오겠습니다.

조심해

급류와 여울을 지나다 자칫 바위에 부딪혀 떼배가 깨지면 제아무리 수영을 잘한다 해도 살아남기 힘들다.

깨진 떼배의 원목과 물속의 바위까지,
모든 것이 흉기가 되기 때문이다.

쓰나미에 사망자가 유독 많은 이유이기도 하죠.

무사히 한양까지 가서 원목을 팔면
황소 너덧 마리를 살 수 있는 큰돈을 벌었다.

경복궁 중건으로 떼배업자들은 한마디로
떼돈을 벌었는데, 흔히 쓰는 '떼돈'이라는
말도 여기서 유래했다.

원목을 팔고 나면 사공들은
정선까지 걸어갔는데 한양에서
정선으로 가는 길에는

♬

이 떼돈을 노리고 100여 개의 주막이
난립해서 술과 여자, 도박으로
사공의 영혼까지 털어갔다.

여기요!

오빠,
여기요~

미녀주막

왕벌

과부촌

사공들이 정선으로 돌아가는 길 역시
떼배를 타고 내려온 물길만큼이나
위험한 길이었다.

정신 똑바로
차려!!

...

조선 시대에도 전세를 살았다고?

아래층에 부엌과 마구간, 창고 등이 있고 침실 등 생활공간은 이층에 있어서 계단이나 사다리로 오르내리는 구조의 이층집은 아시아 여러 나라의 보편적인 주거 형태였다.

동남아시아에는 오늘날에도 여전히 이러한 구조의 주택이 많다. 다락 구조인 필로티 형태의 이층집을 지은 이유는 땅에서 올라오는 습기 때문이다.

우리나라도 이러한 형태의 이층집이 삼국 시대부터 보편적이었고 조선 초까지도 흔했다. 양반의 저택에는 누각에 벽체를 세운 침실인 '침루(寢樓)'가 있기도 했다.

조선 중기 이후 남부 지방까지 온돌 난방이 크게 유행하고 새로 짓는 집마다 구들을 깔게 되면서 조선에서 이러한 구조의 집들은 완전히 사라졌다.

오늘날 남아 있는 고택에는 재실 정도만 이러한 구조로 되어 있다.

조선을 방문한 외국인들은 조선에는 유독 이층집이 없다면서 의아해하기도 했다.

광작의 유행으로 고향에서 소작을 잃은
농민들도 한양으로 몰려들었고

아이앙~
친구들
한양가서
품팔이라도
해야겠어.

양반 신분을 산 지방의 돈 있는 자들도
한양으로 몰려왔다.

서울에
집 사러간다.

내 자식 놈도
한양서 공부시킬거야.

말은
제주로

사람은
서울로~
고고씽!!

조선 후기 한양의 인구는
전기보다 2배 증가했다.

전기 약 **15**만 명   후기 약 **30**만 명

인구 증가로 여러 도시문제가 발생했는데
특히, 주택난은 매우 심각했다.

집 때문에
길이 없어졌어.

복잡하고.   웅성 웅성
시끌시끌

바글 바글   시끄럽다!   빙귀 좀
뒤지 마라.

따닥 따닥

지방에서 올라온 무주택자들은
주로 집을 임차했는데

한양가면
셋방부터
구해야겠다.

집 전체를 빌리거나 사랑방, 행랑 등
일부만 빌리기도 했다.

한양으로
빌행이
났어요.

방 한칸...
잠만 잘건데

332

임대는 '가쾌(家儈)'라는 중개인을 통해서 이루어졌고, 임차료인 '세전(貰錢)'을 지급하고 임대계약서를 작성했다.

세계에서 유례가 없는 '전세'라는 제도도 이 무렵 크게 유행한 것으로 보이는데

집값에 버금가는 목돈을 주고 집을 빌리면서 월세는 면제하는 것으로 당시에는 '세를 주고 팔다'라는 애매한 표현으로 '세매(貰賣)'라고 했다.

세매는 집을 팔기는 싫고 돈이 필요한 자와 상경해서 거주할 집은 필요하면서 돈은 있는 자의 요구가

서로 맞아떨어진 독특한 거래다.

체면을 중시하는 양반들이 돈은 필요한데 조상 대대로 물려받은 집을 차마 팔 수도 없다 보니

'빌려준다'는 명목으로 돈을 받고 집을 비워준 것을 전세 제도의 시작으로 본다.

돈이 생기면 집을 되찾겠다는 희망을 가지고 떠났으나 다시 찾는 경우는 매우 드물었을 것이다.

율곡 이이의 집도 후손이 돈이 궁했는지 한때 세매를 했다가

율곡의 제자들이 돈을 모아서 종손에게 집을 되찾아준 적이 있다.

한양에서 집 팔고 나가면 다시 집을 장만하기 어렵다는 인식이 워낙 강했기 때문에 세매를 선호하기도 했다.

가장 심각한 문제는 힘 있는 자들이

백성의 집을 함부로 빼앗아 들어가는 '여가탈입(閭家奪入)'이었다.

벼슬을 얻어 상경한 관리들이 아무 민가에 들어가 주인을 내쫓고 집을 차지하기도 했는데

대부분은 전세 제도인 세매를 악용한 것이었다

조선은 '여가탈입률(閭家奪入律)'이라는 법률로 이를 다스렸는데 형벌은 '도형(徒刑) 3년'이었다.

영조 대에 한때 세매를 금지하기도 했으나 실효성은 없었다.

현충일은 왜 6월 6일일까?

동양에서는 보름달이 뜨고 다음 보름달이 뜨기까지를 한 달로 보고 날짜의 기준으로 삼았다. 보름달이 30일 만에 뜨면 계산하기도 쉬운데 달의 공전주기가 29.53일이다 보니 오차가 발생한다. 그래서 한 번은 29일을 한 달로, 한 번은 30일로 정해 번갈아 가며 달을 기준으로 날짜를 정했는데 이것이 음력이다.
이를 계산하면 1년은 354일이 된다.

하지만 계절은 태양의 운행과 일치했다. 태양의 남중고도가 같은 위치일 때가 1년이 되는데 그 주기가 365일이다. 달을 기준으로 정한 음력의 12달, 1년 354일과는 차이가 크다. 그래서 음력이 계절과 서로 어긋나는 것을 막기 위해 평년보다 한 달을 더 보태는 윤달을 끼워 넣었다.
농업은 계절이 가장 중요한데 음력은 여전히 계절과 괴리가 컸다. 그래서 태양의 운행을 기준으로 1년을 24등분한 절기라는 것을 만들어서 음력을 보완했다.

꽤 많은 사람이 24절기를 음력으로 알고 있는데 24절기는 사실 양력이다.

1707년(숙종 5) 숙종은 충남 아산에 세운 이순신 장군의 사당에 '현충(顯忠)'이라는 이름을 내렸는데

'충렬을 높이 드러내라' 라는 뜻의 '현충'을 내리노라―

※ 그전까지 통상적으로 쓰는 용어는 아니었음. 나름 숙종의 신조어

현충일의 현충은 이순신 장군의 충렬을 기리는 '현충사'에서 따왔다.

현충기념일은 약칭인 현충일로 많이 불렸는데 1975년에 공식적으로 현충일로 개칭했다.

현수막 새로 달아라.

현충기념일
1976. 6. 6

?

현충일은 왜 6월 6일일까?

현충일에는 조기를 게양합니다.

6·25 전쟁일 전에 추모하는 게 의미있다고 생각했나 보죠.

호국 보훈의 달~

그것도 의미가 있군요.

월·일 둘다 6이니까 기억하기 쉬워서?

♪

나름의 이유가 되겠네요.

뜻밖이지만, 24절기 중 아홉 번째 절기인 '망종(芒種)'과 관련 있다.

설마 2차 세계대전의 노르망디 상륙작전과 관계가 있는 것은 아니겠죠?

그날도 6월6일 이던데…

당연히 아니죠~

고맙습니다.

밥주는거 아니냐 씨뿌리는 거지

우리 민속에는 24절기 중 손이 없다는 청명과 한식에 사초와 성묘를 하고

망종에는 조상과 선열에 제사를 지내는 풍습이 있어서 망종 무렵인 6월 6일을 현충일로 정했다.

농경사회에서는 계절의 변화를 아는 것이 매우 중요한데 음력은 계절과 괴리되는 단점이 있었다.

이를 보완하기 위해 태양의 위치가 계절과 관련이 있다는 점에 착안해서

태양이 황도상 가장 남쪽에 위치할 때를 동지로 정하고, 다음 해 동지까지 15일 간격으로 24등분한 것이 24절기다.

24절기를 음력으로 생각하기 쉬운데 태양의 움직임을 측정해서 고안한 것이니 양력에 가깝다.

보통 양력 6월 6일경이 망종인데 현충일 첫해인 1956년 현충일도 망종이었다.

망종은 벼와 같이 '까끄라기(수염)가 있는 곡식의 씨앗을 뿌리는 시기'라는 뜻으로

'보리는 망종 전에 베라'는 속담이 있듯 망종 무렵이 보리 수확을 마치고 모내기를 시작하는 때다.

'발등에 오줌 싼다'는 속담이 있을 만큼 1년 중 농사에서 가장 바쁜 시기인데 농업인구가 많았던 1956년 당시

현충일에 경건한 마음으로 추모하고, 공휴일이니 농사일도 도우라는 큰 그림이 숨어 있었던 것은 아니었을까.

배추의 역사

우리 땅에서 재배하는 농작물 대부분은 외래종이다.

쌀은 아시아 남부 지역에서 전래했고 보리는 에티오피아와 동남아시아, 고추는 남아메리카, 파는 시베리아의 알타이 지방, 마늘은 중앙아시아, 무는 중앙아시아와 지중해 연안, 감자는 남아메리카, 고구마는 중·남아메리카가 원산지다.

만주가 원산지라고 알려진 콩을 제외하면 우리 땅의 토종작물은 거의 없다고 해도 무방할 정도다.

아주 오래전부터 농업을 주업으로 삼는 전 세계 사람들은 유용한 외래 작물을 토착화하는 데 매우 적극적이었다.

우리나라도 마찬가지여서 외국에 갔다가 돌아오는 사람들이 새로운 작물의 종자를 가져오는 것은 흔한 일이었다. 목화를 전한 문익점과 고구마를 전한 조엄이 대표적이다. 이들은 전래과정을 기록으로 남겨 후대에 전달하였다.

김장 적정 시기는 일 평균기온이 영상 4도 이하이고, 최저기온이 0도 이하로 유지될 때라고 한다.

할매는 그냥 알아서 한다.

서울과 부산은 김장 적정 시기가 한 달 정도 차이가 난다.

어무이, 김장 안합니꺼?

부산은 아직 멀었다.

동네마다 달라요~

기후변화로 인한 기온 상승은 김장 시기에도 영향을 미쳤는데 1920년대에 비하면 지금은 열흘 정도 늦어졌다고 한다.

겨우내 먹을 김치를 담그는 김장은 우리의 오랜 전통이다.

하지만 배추가 김장의 주재료가 된 역사는 100년이 채 되지 않는다.

우리 민족에게 김치의 주재료로 오랫동안 사랑받은 것은 '무'였다.

무는 잘 자라서 농사가 비교적 쉽고 생육 기간이 짧으며 먹을 게 많고 저장성도 좋은 채소인데

전쟁 때는 군대에서 무의 종자를 챙겨갈 정도였다.

정약용은 자신이 집필한 어휘사전인《죽란물명고》에서
무의 어원이 '무후(武侯)'에서 온 것임을 알려주는데

'무후'는 삼국지의 제갈공명을 말한다.

또한 배추인 숭채(菘菜)는 배초(拜草)라고도
했는데 그 어원은 '백채(白菜)'에서
왔다고 한다.

배추는 2,000년 전, 지중해 연안의
잡초였던 배추의 조상이 중국에 전해진 후,
'백채(白菜)'로 변한 것인데

7세기경 중국 북부의 '순무'와
중국 남부의 '숭'이 양주(楊洲)에서

자연교잡하면서 오늘날 배추의 시조가 탄생했다.

중국에서 16세기 반결구배추가 등장하고, 결구배추는 18세기에 와서야 등장했다.

우리 문헌에는 고려 시대 작자 미상의 의학서인 《향약구급방》에 약초로서 배추에 대한 기록이 처음 등장한다.

조선 시대에 배추는 궁중이나 양반가에서나 즐겨 먹는 비싼 작물이었는데

태생이 교잡종이라서 3년 내리 심으면 순무가 되는 등,

종자 생산이 어려워 중국에서 종자를 전량 수입해서 재배했기 때문이다.

한반도에는 '숭'이 자라지 않다 보니 종자 생산은 거의 불가능했다.

18세기 개성에서 반결구배추의 토착화에 성공하면서 비로소 서민들도 배추를 쉽게 접할 수 있게 되었다.

하지만 반결구인 조선배추는 겉절이나 쌈에 어울렸고 김장 재료로는 적합하지 않았다.

1954년 세계적인 육종학자 우장춘 박사가 결구배추 품종인 '원예 1호'를 개발하면서

서민들도 본격적으로 속이 꽉 찬 결구배추로 김장을 하기 시작했는데

오늘날 배추김치를 담그는 김장 풍경은 우장춘 박사에 의해 만들어진 셈이다.

흙비

미세먼지 농도가 근래에 갑자기 증가한 것은 아니다. 공장 굴뚝마다 시커먼 연기를 내뿜고 집마다 연탄을 땔 때, 미세먼지가 지금보다 최소 5배는 더 많았던 70·80년대 개발도상국 시절에는 공식적으로 미세먼지를 측정하지 않았다.

설사 미세먼지를 측정했다 하더라도 그것은 국가 기밀에 준하는 비밀이었을 것이다. 그것을 멋대로 공개했을 경우, 사회 불안을 초래하고, 나라의 경제를 위협하고, 외국(특히 일본)이 항의를 할 구실을 제공했다는 죄로 중앙정보부나 국가안전기획부에 끌려가서 조사를 받았을 것이다.

우리나라가 환경오염이나 대기의 질에 관심을 가지고 적극적으로 나서게 된 계기는 서울 올림픽 개최였다. 당시 국제올림픽위원회(IOC)는 선수들의 건강을 위해 올림픽을 치르려면 서울의 대기오염을 개선하라고 강하게 요구했다.

2000년대 초까지도 문제가 없어 보이던 미세먼지가 최근 들어 급속히 사회문제로 대두된 것은 중국발 미세먼지의 영향도 크지만, 기후 변화로 대기가 정체하면서 미세먼지가 갇히는 현상이 잦아졌기 때문이다. 한마디로 바람이 덜 분다는 소리다.

황사현상은 타클라마칸 고원, 고비 사막 등에서 건조한 봄철, 바람에 의해 하늘 높이 올라간 미세한 흙먼지가

대기 중에 확산하여 하늘을 뒤덮었다가 서서히 지표로 강하하는 현상을 말한다.

황사는 매년 3~5월경 편서풍을 타고 한반도는 물론 하와이까지 이동한다.

우리 문헌에서 황사현상에 대한 첫 번째 기록은 《삼국사기》의 '우토(雨土)'다.

고려 때까지는 '흙이 비처럼 내리다'는 뜻의 '우토(雨土)'라는 표현을 주로 썼고

조선 시대에는 명사형인 '흙비(土雨)'라는 다소 시적이고 예쁜 이름을 사용했다.

346

옛날 사람들에게 흙비는 하늘의 경고인 재변(災變)이었다.

따라서 흙비가 내리면 임금은 근신 모드에 들어갔고, 신하들도 몸을 사렸다.

황사를 맞은 약재는 사용하지 않았고 사람들은 외출도 삼갔다.

황사에 석회 성분이 다량 함유되어 있어서 한반도의 토양과 담수의 산성화를 막고

식물의 성장에 필요한 영양소를 공급 해주는 유익함이 있었다는 사실을 그들은 꿈에도 몰랐을 것이다.

고래 바다

황자를 위해 당(唐)나라의 서견 등이 편찬한 교육용 사전식 참고서인 《초학기(初學記)》에는 "고래가 새끼를 낳은 후 미역을 뜯어 먹어 산후의 상처를 치료하는 것을 보고 고구려 사람들은 산모에게 미역을 먹인다"는 기록이 있다.

조선 후기 실학자 이규경이 지은 백과사전 《오주연문장전산고(五洲衍文長箋散稿)》에는 "어떤 사람이 헤엄치다 막 새끼를 낳은 고래에게 먹혀 고래 뱃속에 들어갔는데 그 안에 미역이 가득 붙어 있었으며, 나쁜 피가 모두 물로 변해 있었다. 고래 뱃속에서 겨우 빠져나와 미역이 산후조리에 효험이 있다는 것을 세상에 알렸다"고 산모가 산후조리에 미역을 먹게 된 유래를 소개하고 있다.

'울주 대곡리 반구대 암각화'는 고래 사냥 교육용 그림이라고 할만큼 고래가 많이 그려져 있다.

고래가 많았다는 사실은 19세기 말에서 20세기 초, 동해에서 고래잡이를 한 포경선의 조업일지를 보면 알 수 있다.

1899년 한 일본 포경선의 조업일지를 살펴보면 영일만에 귀신고래 떼가 들어와 있는데 그 수가 수천 마리에 이른다고 할 정도였다.

삼국 시대는 몰라도 고려 이후부터 우리나라엔 고래고기를 먹는 문화가 없었다.

고려는 불교국가라서 아예 고기를 즐겨 먹지 않고, 조선 역시 고래고기를 즐겨 먹었다는 기록은 없다.

고래를 먹는 풍습은 19세기 서구 열강의 포경선이 등장한 이후에 생긴 문화다.

조선 사람들에게 고래는 매우 부정적인 동물이었다.

고래를 뜻하는 한자 '경(鯨)'은 '수고래'만을 의미하기도 하는데 '암고래'를 뜻하는 '예(鯢)'라는 한자가 따로 있다.

鯨
고래, 수고래

鯢
암고래, 도롱뇽

둘을 합친 '경예(鯨鯢)'는 수고래와 암고래를 함께 이르는 말이지만, 흔히 악인을 이를 때 쓰는 말이다.

이유는 단순한데, 고래는 무시무시하게 크면서 작은 물고기를 마구 삼키는 포악한(?) 존재이기 때문이다.

종종 사람도 삼켜버리기 때문에 어부들은 고래를 바다에서 마주치기 싫은 식인 괴수로 여겼다.

그런데 조선의 어민들이 고래를 끔찍하게 싫어한 것에는 또 다른 이유가 있었다.

고래고기는 먹지 않았지만, 고래기름은 등잔 기름이나 약으로 쓰는, 아주 비싸고 유용하면서 귀한 자원이었는데

바닷가에 떠밀려온 고래를 발견한다는 것은 로또 당첨이나 다름없었다.
기름의 양이 엄청나기 때문이다.

죽은 고래는 국가 귀속이 원칙인데 사또가 토호들과 결탁해서 빼돌리는 경우가 많았다.

1747년(영조 23) 청백리 서명연이 해안 고을 사또로 가서 고래기름을 팔아 딸 혼수를 장만했다가 구설수에 오르기도 했다.

하지만 어민들은 고래 사체를 해체하느라 고생만 하고 정작 돌아오는 몫은 없다 보니, 고래를 발견하는 것 자체가 스트레스였다.

그래서 해안에 떠밀려온 고래나 고래 사체를 신고하지 않고 어민들이 몰래 바다로 떠밀어 보내기도 했다.

절영도의 비극

옛 진해시인 경남 창원시 진해구는 벚꽃으로 유명한 군항 도시다.

그런데 '진해(鎭海)'는 원래 다른 곳에 있었다. 창원시 마산합포구의 진동면·진북면·진전면 일대가 고려와 조선의 '진해현(鎭海縣)'이었고 구한말에는 '진해군(鎭海郡)'이었다.

비록 고을 규모는 작았지만, 창원·진주·함안·고성으로 통하는 사통팔달 골짜기가 불가사리처럼 생긴 교통의 요지였다.

구한말 일본은 이 진해군 지역(현재 진전면 일대)을 조차해서 대륙 진출을 위한 군항으로 만들 계획이었다. 그런데 러시아가 부동항 확보를 위해 마산항 조차를 시도하자 마산만을 봉쇄하기 유리한 웅천군 서쪽 지역으로 계획을 수정했고, 러시아는 결국 마산항 조차를 포기했다.

일제는 1910년 행정구역 개편으로 진해라는 이름을 새로운 군항 예정지로 가져갔고, 웅천군 서쪽 지역이 새로운 진해가 되었다.

1876년 근대 개항 이후, 개항장에는 외국인이 거주하며 상행위를 하는 '조계(租界)'가 설정되었다.

한국과 중국은 조계, 일본은 거류지라고 불렀습니다.

일본은 더 나아가 절영도 조차(租借)를 요구했다. 조차는 다른 나라의 땅을 빌려서 통치하는 것을 말한다.

1881년 7월, 조선 정부는 이를 거절하고

절영도에 첨사영 설치를 위한 토목공사를 시작했다.

절영도(絶影島)는 오늘날 부산 영도구에 속하는 섬으로 '달리는 말의 그림자가 잘린다'라는 섬 이름처럼

명마인 절영마를 생산하는 말 목장으로 삼국시대부터 유명했던 곳이다.

924년 음력 8월, 후백제의 견훤이 고려 왕건에게 화해의 선물로 절영마 한 필을 선물했다가

'절영마가 고려에 이르면 후백제가 망한다'는 참언 때문에 다시 돌려받는 일을 벌이기도 했다.

조차 당시 일본 측의 보고서에 따르면 절영도를 '대마도의 그림자를 가르는 섬'으로 그 유래를 곡해하기도 했다.

일본은 이 섬을 조차해서 증기선을 위한 석탄저장기지로 만들 계획이었다.

석탄 주세요.

결국, 일본은 1886년 절영도 청학동 일대 4,900평을 조차해서 저탄소를 설치했다.

절영도

여기서는 부산항이 한눈에 보여.

1889년 부동항 확보에 목을 매던 러시아도 절영도에 저탄소 설치를 목적으로 조차를 시도했는데

친일 대신들의 저지로 실패했다.

우리는 왜?!

거절

씩! 씩!

반면 일본은 1890년 인천 월미도에도 4,900평을 조차해서 저탄소를 설치했다.

월미도

원래 우리의 목표는 여기!

제물포

남해와 서해에 저탄소를 확보한 일본은 1894년 청일전쟁에서 승리하고 조선에서 청나라를 몰아냈다.

1895년 명성황후를 시해한 을미사변 이후, 고종은 러시아 공사관으로 거처를 옮기는 아관파천을 단행했다.

1897년 고종이 아관파천을 끝내고 환궁한 후, 밀지를 내려 러시아의 절영도 조차를 승인했다.

일본에 대한 적개심이 컸던 고종은 일본의 진출을 막기 위해 러시아에 부동항을 내어줄 생각이었다.

러시아의 절영도 조차 소식에 독립협회는 적극적으로 러시아의 절영도 조차 저지 운동을 펼쳤다.

당시 백성들은 열강의 이권 침탈에 매우 부정적이었기 때문에 이 운동에 적극적으로 동참했고, 민심은 크게 악화했다.

하지만 만민공동회에 나와서 순수하게 분노를 표출하는 백성 뒤에는 친일 세력이 있었다.

독립협회는 친일 단체로 변질해 있었고 독립신문은 노골적으로 '친일 반러'를 주장했다.

여론에 밀려서 결국 러시아의 절영도 조차 승인은 취소됐다.

하지만 같은 시각 일본은 절영도 135만 평을 추가로 조차했다.

고종은 보부상으로 황국협회라는 어용단체를 조직해 독립협회를 공격하게 하고 군대를 움직여 강제 해체했다.

'선악의 이분법'으로 평가해서는 안 되는 복잡한 역사의 한 장면이다.

올벼신미

1968년 UN 식량농업기구(FAO)는 식량 생산의 중요성을 상기시키기 위해 식량을 소재로 한 동전 발행을 권고했다. 이에 우리나라는 1972년 오십원짜리 동전을 처음 발행하면서 당시 식량문제 해결을 위해 개발한 통일벼를 그려 넣었다.

1980년대까지 TV 퀴즈 프로그램이나 초등학교 시험문제로 오십원짜리 동전에 그려진 벼 이삭의 낟알 개수를 묻는 문제가 종종 나왔다.

※ 1972년에 처음 발행한 동전은 낟알 수가 28개고 1983년 새로 발행한 동전은 43개다.

요즘 사람들이 보기에는 참 어이없고 황당한 문제인데 아주 오래전부터 벼 이삭의 낟알 개수는 풍흉을 가늠하거나 농지의 생산성과 토질을 측정하는 중요한 척도로 쓰였다.

낟알 개수는 수확을 예측해서 세금을 부과하는 기준이 되기도 했는데 껍질만 있고 알맹이가 없는 '쭉정이'는 납세자와 징수원 사이에서 늘 분쟁의 씨앗이 되었다.

에… 코리언 트래디셔널 문 페스티벌… 에 또는 쌩스 기빙 데이…

오!~ 그러면…

추석은 미국의 '추수감사절'과 같은 명절이군요.

그렇습니다.

뭔 소린교? 추수하려면 한달은 더 남았는데…

내 생각도 같소.~

수확의 기쁨을 나누며 천신과 조상님께 감사하는 마음은 동.서양이 다르지 않소.

단지 차이라면 추수 전이냐, 후냐 하는 것이니

추석을 영어로 쌩스 기빙 데이라 해도 무방할 것이오.

그라믄 섭하제~

358

전라도와 경상도 일부 지역에는 추석과는 별도로 '올벼신미'라는 추수감사절 성격의 세시풍속이 있었다.

올벼심리·올베심니·올기심리·올계심리·올개심니·오리심리 등 발음은 비슷해도 고장마다 부르는 이름은 다르다.

추석 전에 덜 익은 벼를 베어 탈곡하고

가마솥에 삶거나 시루에 쪄서

사나흘을 말리고 절구로 도정하는데 이를 '올벼쌀'이라고 한다.

359

경상도에서 나이 드신 분들은 '올해쌀'을 '올개쌀'이라고 발음한다.

올벼신미는 이 올벼쌀로 지은 밥을 맨 먼저 조상님께 올리고

부엌을 관장하는 조왕신께도 올린 후, 한동네 사는 친척과 이웃들과 나눠 먹는 풍속인데

그렇게 하면 다음 해에 풍년이 든다는 속설이 있었다.

고장마다 풍속이 다르고 집마다 날짜도 다른데 남보다 빨리 올려야 복을 받는다고 경쟁하는 지역도 있었다.

비록 덜 익긴 했지만, 질리도록 먹은 보리밥 대신 오랜만에 먹는 쌀밥이라서 새로운 맛의 만족도는 매우 컸다.

숙종~영조 때 고성현(경남 고성)에 살던
재지양반 구상덕이 37년간 거의 매일 쓴
향촌 생활 일기인《승총명록》에 따르면

당시 벼는 모내기 후 90일 정도면
수확했는데

올벼는 음력 7월 중·하순, 중벼는 음력
8월 중순, 가을벼는 음력 9월 중·하순에
수확했다.

수확 시기상 올벼쌀이 아니면 햅쌀을
추석 차례상에 올리는 것은 어려웠는데

음력이 계절과 괴리되는 단점이 직접적인 원인이지만, 모내기하는 '논벼'가
직파재배하는 '밭벼'보다 생육 기간이 긴 탓에 조선 후기부터 올벼쌀을 먹게 된 것으로
추정하는 사람도 있다.

이앙법을
하게되면서

정상적으로는
추석 때 햅쌀을
못올리게 된건
아닐까?

어제의 적, 오늘의 동지

황해도 동학농민운동은 잘 알려져 있지 않다. 동학농민운동 2차 봉기에서 3만의 군세로 해주성을 함락하고 황해도 고을의 3분의 2를 장악하는 등 황해도 동학군은 빠르게 세력을 넓혀갔다.

한강 이북 지역은 동학이 늦게 전파되었지만, 황해도의 동학군 세력이 빠르게 결집할 수 있었던 것은 1894년 6월에 내려진 '사금 채취 금지령' 때문이었다.
황해도에는 다른 지역과 달리 사금 채취를 생업으로 삼는 노동자들이 많았는데 사금 채취를 할 수 없게 되자 노동자들은 사회 불만 세력이 되었고 동학에 빠르게 합류했다.
하지만 다른 지역의 동학도와 달리 동학의 대의에서 벗어난 약탈과 살인이 유독 많아서 민심을 크게 잃었고 오히려 동학군을 저지하려는 민병대가 자발적으로 일어나기도 했다.
이는 황해도 동학군이 급속히 붕괴한 원인이 되었다.

1894년 12월 23일, 황해도의 동학농민군은 '*척양척왜(斥洋斥倭)'의 기치를 내걸고 해주성 총공격을 감행한다.

*서양과 일본의 문물이나 세력 따위를 물리친다.

선봉에 나선 이는 황해도 벽성군 팔봉도소의 접주(동학 지역책임자) 김창수였다.

'아기접주'라는 별명의 김창수는 동학교에서 가장 어린(19세) 접주였는데

대도주를 뵈러가는데 떨렁 머리로 가기에는 좀…

이걸 쓰게~

평소 무학(武學)을 연구하고 700명의 포수까지 거느리고 있어서 선봉에 서게 되었다.

아~ 압!

하지만 해주성 공략은 실패했고 김창수의 부대는 해주 서쪽 회학동으로 퇴각해서 진을 쳤다.

어느 날 밤, 김창수군 진영에 한 남자가 찾아왔다.

들어오시오.

그는 회학동 동쪽 천봉산 너머인 청계동(황해도 신천군 두라면)의 진사 안태훈이 보낸 밀사였다.

청계동?

여기서 불과 20리 거리에 있습니다.

황해도의 저명인사인 안 진사는 동학이 궐기하자 청계동에
의려소(義旅所)를 설치하고 동학군 토벌에 나선 인물인데

지략이 뛰어나고, 신천에서 이미 동학군을
토벌한 큰 전과가 있어서 동학군도 몹시
경계하던 인물이었다.

양측은 서로 충돌을 피하고, 위기 때는
서로 돕는다는 밀약을 맺었다.

얼마 후, 김창수의 동학군은 구월산의
사찰 패엽사로 본진을 옮겼다.

김창수가 홍역을 앓고 있을 때, 문화접주
이동엽의 기습을 받아

크게 패하고 그의 수족인 화포영장 이영선이 피살됐다.

이동엽은 신천군 문화면에서 크게 세력을 일군 동학교 접주였는데

김창수군이 백성의 재물을 약탈하던 이동엽의 동학군을 처벌한 것이 화근이었다.

얼마 후, 황해도 각 지역 동학군은 와해되고 상당수가 소탕되었는데

동학군 색출을 피해 장연군 몽금포에 은거하던 김창수는 정덕현의 권유로 청계동으로 갔다.

비록 적장이었지만, 학식과 인품이 훌륭한
안태훈은 김창수와 그의 부모까지 산채에
은신할 수 있게 배려했다.

동학군과 토벌대로 서로에게 총구를 겨눌
뻔했던 두 청년의 운명적인 만남이었다.

김창수는 김구로 개명하고 훗날
대한민국임시정부 주석이 되고,

16세 명사수 소년 안중근은 훗날
이토 히로부미를 저격한다.

조선철도 999

20세기 초까지 한적한 시골 마을이던 대전은 경부선이 통과하고 호남선의 출발점이 되면서 아주 큰 도시로 성장했다. 대전의 성공 신화에 꼭 전설처럼 따라오는 이야기가 있다. 경부선이 원래 공주를 통과하려 했는데 공주 양반과 유생의 격렬한 반대로 대전으로 가게 됐고 결국 공주와 대전의 미래가 뒤바뀌었다는 것이다. 하지만 이 이야기는 아무 근거가 없다. 경부선 노선이 공주에서 대전으로 변경된 것 때문에 퍼진 소문으로 보이는데 당시 지배 계층인 양반과 유생을 향한 대중들의 부정적인 시선을 알 수 있다.

양반들은 경부선이 놓이기 훨씬 이전부터 글을 통해 철도의 존재를 알고 있었고, 경인선 개통으로 온 백성이 철도의 유용함을 직간접으로 경험하고 있을 때였다. 반나절이면 임금님이 계시는 서울까지 편하게 갈 수 있는데 딱히 철도를 마다할 이유가 없다. 공주는 계룡산을 비롯해 산악 지형의 골짜기를 흐르는 금강 변에 자리하고 있어서 철도를 놓기에 비용이 많이 드는 지역이다. 따라서 경부선 부설권을 가진 일본이 러일전쟁을 앞두고 공사를 서두르면서 공사가 빠르고 비용이 적게 드는, 대전 - 조치원 - 천안으로 이어지는 저지대 코스를 택했을 뿐이다. 일본은 공주에서 손님을 더 태우는 것에 관심이 없었다.

1889년 주미 조선공사 서리(署理)였던 이하영은 특이한 물건 하나를 가지고 조선에 귀국했다.

♪

혹시 내 선물?

그것은 매우 정교한 철도 모형이었다.

이것이

기차라는 것이오?

예~ 전하.

수신사로 일본을 다녀온 김기수가 일본의 문물을 시찰하고 기록한 책인 《일동기유(日東記游)》를 통해

철도의 존재를 문자로만 접했던 고종과 조정 대신들은 모형으로나마 철도와 기차의 모습을 알게 되었다.

1894년 7월 의정부 공무아문에 철도국을 신설하면서 조선 조정은 본격적으로 철도 도입을 추진하게 되었다.

1896년 경인선과 경의선 사업이 시작되었고, 대한제국이 선포된 이듬해에는 경부선 철도 사업도 추진했다.

1899년 9월 18일, 노량진-인천 간 33.8km 길이의 경인선이 개통되면서 우리 땅에 처음으로 기차가 다니기 시작했다.

경인선 개통 당시 노선도 (1899)

7개 역에 정차하며 하루에 두 번 왕복했는데 소요시간은 1시간 40분이었다.

칙칙 폭폭!
칙칙 폭폭!

제물포가 일일 생활권이 되다니…

기관차는 미국 브룩스 사가 제작한 '2-6-0 모굴(Mogul)'로 대한제국 철도의 형식명은 '모가'였다.

증기기관차는 차륜의 배치에 따라 형식이 분류되는데 영미권에서는 '전륜 - 동륜 - 후륜' 순으로

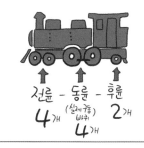

선륜 - 동륜 - 후륜
4개 (실제구동바퀴) 2개
4개

바퀴의 수를 아라비아 숫자로 표기하는 화이트식 형식명을 사용했고, 미국은 이에 더해 별칭을 붙였다.

2-6-0 모굴(Mogul) : 거물, 인도 무굴제국
2-8-2 미카도(Mikado) : 일왕
4-6-2 퍼시픽(Pacific) : 태평양

2차 세계대전 때 미카도는 맥아더(MacArthur)로 바꿔요. 적국 군주를 애칭으로 쓸 수 없잖아요~

우리나라 증기기관차 유물 전면에 '미카', '파시' 등 다소 괴상한 이름이 적혀 있는 것을 볼 수 있는데

미카₃ 244

미카?

미국에서 도입한 증기기관차의 미국식 형식명을 한글 두 음절로 표현한 한국의 형식명이다.

모가 = 모굴(Mogul)
미카 = 미카도(Mikado)
아메 = 아메리칸(American)
파시 = 퍼시픽(Pacific)
푸러 = 프레리(Prairie) : 북미의 대초원

1905년 개통한 경부선과 경의선이 연결되면서 947.2km 길이의
한반도를 종단하는 철도가 완성되었고

1908년 4월 1일, 부산-신의주 간 급행열차
'융희호'를 개통했는데, 융희(隆熙)는
순종 황제의 연호다.

융희호는 1911년 11월에 압록강 철교가
준공되면서 중국 길림성 장춘까지
운행하는 명실상부한 국제열차가 되었다.

1945년 12월, 일제강점기 때 어깨너머로
배운 기술로 국산 증기기관차
'해방 제1호'를 개발하고

이듬해 경부선에 국산 특별 급행 열차를
운행했는데 열차 이름은 '해방자호'였다.

안사람 의병대

조선 후기 다양한 장르의 창작소설이 봇물 터지듯 쏟아져 나왔는데 현재 전하는 것만 해도 약 2,000여 종이 넘는다. 여성 구독자층이 많이 증가하면서 여성 영웅을 주인공으로 하는 군담소설인 여걸소설이나 여장군소설도 많이 나왔다.

《박씨전》,《정수정전》,《홍계월전》,《황운전》,《설소저전》,《금령전》,《정현무전》,《방한림전》,《옥루몽》 등이 대표적인데 병자호란을 배경으로 실존 인물이 대거 등장하는 《박씨전》이 가장 유명하다.

남성 중심의 사회에서 주인공 여성이 사회적 한계를 극복하고 남성을 지휘하는 모습을 통해 독자들은 카타르시스를 느꼈다. 여걸소설뿐 아니라 《김씨열행록》과 같이 주인공 여성이 적극적으로 나서서 억울한 누명을 벗는 소설도 많이 나왔다.

이러한 소설은 구한말과 일제 강점기에 여성의 적극적인 사회 참여와 독립운동에도 적잖게 영향을 주었다.

1931년 일제의 임금 삭감에 반대해 여성해방과 노동해방을 외치며 저항한 노동자 강주룡.

1932년 제주 구좌읍에서 일제의 착취에 맞서 고차동·김계석·김옥련·부덕량·부춘화 다섯 해녀로 시작되어

제주 각지에서 3개월 동안 연인원
1만 7천 명이 참여한 '제주해녀 항일운동'

수많은 여성이 독립운동에 헌신했지만,

자료 부족으로 많은 여성 독립운동가들의
이름조차 알 수 없고 발굴도 어렵다.

구한말 명문가의 아가씨가 의병 저격수로
몰래 활약하는 '미스터 션샤인'이라는
드라마가 있다.

비록 드라마 속 주인공은 가상의
인물이지만, 실제로 같은 시기에 총을 든
여성 의병들이 있었다.

최초의 여성의병장 윤희순과
여성 의병대인 '안사람 의병대'다.

아녀자가 쏘는 총엔
안 죽을 것 같으냐?

1895년 을미사변 이후, 전국 각지에서 의병이 들불처럼 일어났다.

윤희순의 시아버지 유홍석과 남편 유제원은 춘천지역 의병운동에 나섰는데

윤희순은 부녀자들도 의병활동에 동참하자고 호소했다.

1907년 일제가 고종을 강제 퇴위시키고 군대를 해산하면서 의병 항쟁이 치열하게 전개되자

윤희순은 부녀자들로부터 군자금을 모아 화약을 제조하는 탄약제조소를 운영했다.

또한 여성 30여 명으로 여성 의병대인 '안사람 의병대'를 조직하고 은밀하게 군사 훈련을 실시했다.

안사람 의병대는 평소에는 취사와 세탁 등 비전투 업무를 수행했지만,

정보수집을 위해 적진에 투입되기도 했다.

1910년 경술국치 이후, 윤희순은 가족과 함께 중국으로 건너가 '노학당'을 설립하고 독립운동 인재 양성에 전념했다.

의병장의 며느리로, 의병이 된 조선 선비의 아내로,

세 아들을 독립운동에 투신시킨 어머니로,

스스로도 의병장이었던 삶을 산 윤희순은 항일 독립운동의 선구자였다.

대홍수의 물줄기

백제의 수도였던 한성(漢城)은 오늘날 몽촌토성과 풍납토성이 있는 서울 송파구다. 신라의 지방 행정구역 9주 5소경의 하나인 한산주(漢山州, 경덕왕 때 한주로 개명)의 치소(治所)는 경기도 광주에 있었고 한양군(漢陽郡)의 치소는 도봉구에 있었다. 고려가 건국하고 개성을 수도로 삼기 전까지 한양 도성 지역(중구, 종로구)은 풍광 좋고 한적한 변두리 시골이었다.

한강에서 임진강을 건너 북쪽 지방과 통하는 주요 길목은 오늘날 아차산을 우측에 끼고 광진구에서 출발해서 동부간선로를 따라 노원구, 도봉구, 의정부를 지나 양주를 거쳐서 파주의 적성면에 도착해서 임진강을 건너는 길이었다. 지형적으로 높은 산을 넘지 않는 저지대인데 이 길이 주요 교통로가 된 또 하나의 중요한 이유가 있었다. 파주 적성면을 지나는 임진강에는 '호로탄'이라는 여울이 있는데 수심이 낮아서 장마철이 아니면 걸어서 강을 건널 수 있었기 때문이다.

삼국 시대 이 여울은 강북에 있는 호루고루성의 고구려군과 강남에 있는 칠중성의 백제군이 첨예하게 대립했던 군사분계선이었다.

시간당 300mm의 폭우가 쏟아졌고
한반도 중·남부의 주요 강이 범람했다.

태풍 피해를 수습하기도 전에 7월 16일
두 번째 태풍이 한반도에 상륙했다.

엊그제 온 그놈은
나랑 비교가 안될걸?

2차 홍수는 시간당 650mm라는
기록적인 폭우로 서울과 경기도에
메가톤급 물 폭탄을 안겼다.

한강 지류인 주요 하천이 모두 범람했고
한강의 제방들이 무너지면서 서울 전역이
물바다로 변했다.

용산역의 기차가 물속에 잠겼고 숭례문
앞까지 물이 차올랐다.

...

3차 홍수는 양쯔강 일대 저기압의
영향으로 8월 초 관서 지방에 폭우가
쏟아져 한반도 북부를 물바다로 만들었다.

마지막 홍수는 8월 말 마리아나 제도에서 발생한 태풍이 한반도 남부를 관통하면서 발생했다.

네 차례의 홍수로 647명의 사망자가 발생했다. 1만7천여 호의 가옥이 무너졌고 4만6천여 호의 가옥이 침수됐다.

1904년 기상관측 이래 최악의 1925년의 홍수를 '을축년 대홍수'라고 한다.

을축년 대홍수는 한강의 물줄기도 바꾸어 놓았다.

세종 때 양잠을 장려하기 위해 '잠실'을 설치했는데 한양에는 경복궁과 창덕궁에 내잠실을 두었고

도성 밖에는 연희동에 서잠실, 자양동과 아차산 아래 2곳에는 동잠실을 설치했다.

오늘날 잠실은 원래 강북 땅으로 광진구 쪽에서 뻗어 나온 반도 지형이었는데

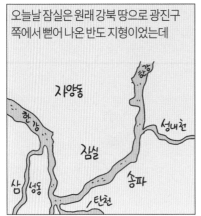

조선 초에 한강 물이 들어오면서 샛강이 생겼고, 새로 생긴 하천이라 하여 '신천(新川)'이라고 불렀다.

평소에는 물이 얕아서 배가 못 다니고 걸어서 건너죠.

잠실은 샛강이 생기면서 졸지에 섬이 되었다.

강에 있는 섬을 '하중도'라고 하네…

잠실 남쪽으로 흐르던 송파강은 한강의 본류로 삼남 지방으로 통하는 주요 나루들이 있던 교통과 물류의 거점이었다.

나는 요즘 핫플레이스인 송파나루로 가겠네.

나루가 코앞인데?

원래 삼전도가 가장 큰 나루였는데 병자호란 때 삼전도의 치욕을 겪은 후, 사람들이 꺼리게 되면서 송파나루가 성장했다.

삼전도의 치욕이 생각나서…

나도 그럴 생각이었어

조선 후기 상업이 발달하면서 송파나루는 250여 개의 객줏집이 성업할 정도로 번성했다.

나리, 저희 주막으로 가시죠.

음식은 형편없어도 주모가 미녀라서…

하지만 을축년 대홍수는 한강의 본류를
송파강에서 신천으로 바꾸어 놓았다.

송파나루는 토사가 밀려들어 나루의
기능을 점점 상실해갔다.

1960년대까지 오늘날 잠실은
여의도와 같은 한강의 섬이었다.

1970년대 강남 개발로 송파강은 흙으로
메워졌고, 잠실은 강남에 연결되어
완전한 육지가 되었다.

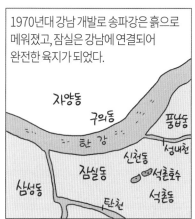

석촌호수는 한때 한강의 본류였던
송파강의 마지막 흔적이다.